ねずさんが描く
「よろこびあふれる楽しい国」
の人々の物語

庶民の日本史

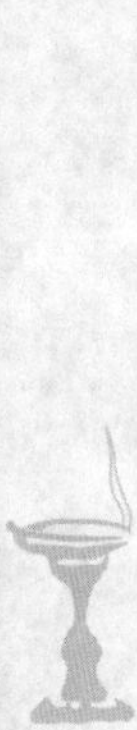

小名木善行
Onagi Zenko

グッドブックス

はじめに

本書は、いままであまり語られることのなかった庶民の暮らしにスポットライトを当てて、日本の歴史を描いたものです。

我が国は、はるか万年前の縄文《じょうもん》時代、弥生《やよい》時代から今日まで、一度も途絶えることなく続いている、まさに悠久《ゆうきゅう》の歴史をもつ国です。

まだ文字がなかった頃のことは、豊富な遺跡や遺物から人々の暮らしを推《お》し量《はか》ることができますし、文字の使用がはじまってからは、神話や数々の歴史書、和歌などの作品を通して、私たちに伝えられています。

これに気象学を重ね合わせると、日本列島がいまとは違った姿をあらわし、はるか昔の祖先が日本列島にとどまることなく、大海をダイナミックに移動して暮らしていたことが見えてきます。

さらに、西暦七二〇年に成立し、以後千年以上にわたって我が国の歴史教育の基礎を担い、我が国の高い民度の基礎を構築してきた歴史書『日本書紀《にほんしょき》』の冒頭には、非常に興味深い記述があります。

イザナギ、イザナミという二神が国産みする物語の中に、ちょっとむずかしい漢字ですが、「豈無国歟（あにくになけむや）」という言葉が出てきます。

「豈」という漢字は、神社などで使われる「楽太鼓《がくたいこ》」を象形化した文字です。楽太鼓は、婚礼の儀や記念祭など、お祝いのとき、よろこびのとき、楽しいときに打ち鳴らす太鼓《たいこ》です。ですから、豈は「にこやかにどよめく」という意味の漢字とされています。

つまり豈国とは、よろこびあふれる国ということになります。

ところが、現代の古語教育では、「あに○○や」というと、「下に打消しの表現をともなう反語」であるので、「あにくになけむや（豈無国歟）」も、直訳すれば、単に「国があるだろうか、いやありはしない」となります。

そこでイザナギとイザナミは、

「だったら、オレたちでつくろうよ」と会話し、そこからオノゴロ島をつくったということが、日本書紀の記述からわかります。私たちの国は、神様が「よろこびあふれる楽しい国」としてつくってくださったクニなのです。

ここでいう「クニ」は、人々の暮らす社会を意味します。そうであれば、私たちの暮らす町も会社も仲間も家庭も、すべてはよろこびあふれる楽しいクニ、よろこびあふれる楽しい集団にしていこうね……と、これが日本書紀が伝える日本の原風景になります。

実はこのことをある先生にお話ししたとき、その先生が「豈」という漢字を見て、「これはヤマトだね」とおっしゃいました。衝撃でした。「豈」という字は、「山」と「豆」で出来ています。そして「豆」は「と」とも読みます。「やま（山）」に「と（豆）」で、「ヤマト」です。大和《やまと》の国は、よろこびあふれる楽しい国（豈国《あにくに》）なのです。

ヤマトの語源論《ごげん》は別として、古代の日本人が、私たちの国を「ヤマト」と呼び、そのヤマトが希求《ききゅう》した国の形が、私たちみんなにとっての「よろこびあふれる楽しい国」であったということは、とても誇《ほこ》らしいことです。

誰かひとりの贅沢《ぜいたく》な暮らしのために、周囲の者が奴隷《どれい》のように使役《しえき》される社会ではなく、末端《まったん》の者も含《ふく》めてみんなが主役となって、社会全体がよろこびあふれる楽しい国であること。そのことを実現するために築《きず》かれたのが、天皇という権威を国家最高権力の上に置くという、日本独自の統治の形です。

実際に歴代の天皇は、この理念を受け継いで庶民を「おほみたから」としてたいせつに思い、政《まつりごと》をおこない、為政者たちもそれにならいました。

そんな「よろこびあふれる楽しい国」を目指した国で、庶民はどのような暮らしをしていたのか。それが本書のテーマです。

読者の皆さんは、教科書で習ってきた日本史とまったく違う内容に驚かれることでしょう。日本の庶民の暮らしの歴史を紐解《ひもと》くことで、これからの新たな日本の建設につながればと思います。この本が皆様の心に、なにがしか刺さることがあったら光栄です。

小名木善行

庶民の日本史　もくじ

第一章　有史以前から古代までの庶民の姿

一　島から島へ、旧石器時代の海洋民族としての暮らし

第二章　奈良平安時代の庶民の姿

第三章　鎌倉・室町・織豊時代の庶民の姿

第四章　江戸時代の庶民の姿

第一章

有史以前から古代までの庶民の姿

一　島から島へ、旧石器時代の海洋民族としての暮らし

縄文時代と弥生時代という用語のはじまり

縄文《じょうもん》時代や弥生《やよい》時代といった時代区分は、いまでは小中学校の義務教育にも登場し、常識となっていますが、戦前戦中までの日本では、縄文土器《どき》、弥生土器という土器の区分としての用語はあったものの、縄文時代、弥生時代という時代区分はありませんでした。

縄文土器という用語は、東京品川区の大森貝塚《おおもりかいづか》に由来します。明治十年（一八七七年）六月、来日していた米国の動物学者のエドワード・S・モースが、横浜から新橋へ向かう途中の列車の中から、崖《がけ》に貝殻《かいがら》が積み重なっている様子をたまたま見つけました。そして同年十月に、さっそく発掘調査を行ったところ、土器や土偶《どぐう》、土製の耳飾り、ニホンジカの角で出来た釣針、石斧《いしおの》、石のヤジリ、シカやクジラの骨や人骨片などが次々と出てきました。このとき発掘された土器に縄目の模様が付いていたことから、当初は索文《さくぶん》土器とか、

大森貝塚から出土《しゅつど》したことから貝塚土器などと呼ばれていましたが、いつしかそれらが縄文土器と呼ばれるようになりました。

実はこの発見が、我が国の考古学のはじまりです。江戸時代までの日本では、たとえば東北の亀ヶ岡《かめがおか》遺跡で発掘された土器、土偶などは、観光土産《みやげ》として国内で売買され、その一部が海外に流出しているような状況であったわけです。古いものであるということはわかるけれど、どのような価値をもつものかわからない。だから、ただの「おみやげ」でした。

それが大森貝塚の発掘で、遺跡から出土する遺物や遺構などの史料をもとに、人類の活動とその変化を研究する学問としてのアキアロジー（Archaeology）を、日本語で「考古学」と呼び、これが学問の一分野となったのです。

するとどうでしょう。さっそく、考古学の本拠地となっていた東京帝国大学の構内の向《むこう》ヶ岡《がおか》の弥生から、縄文式の土器とは明らかに製法の異なる土器が、ほぼ完全な形で出土したのです。この土器は、その発掘場所から、弥生式土器と呼ばれるようになりました。

しかし、それら縄文・弥生の土器は、あくまで考古学的発掘であって、戦前にはそれが歴史と結びつくことはありませんでした。なぜかというと、歴史学は「過去に起きた事実を、時系列に沿って論理的かつ再現性があるようにストーリー化していく学問」だからです。つまり土器が出た、というだけではストーリーにならないのです。ですから戦前までの歴史学は、日本の歴史はせいぜいさかのぼっても三千年くらいまでで、それ以前はよくわからない、神代《かみよ》の時代としてのみ扱《あつか》われてきたのです。

日本人共通の先祖物語としての神話

ちなみにここでいう神々とは、西洋でいう人智《じんち》を超越《ちょうえつ》した唯一絶対神《ゆいいつぜったいしん》ではありません。これは我が国の古くからの考え方で、計算してみるとわかりますが、七〇〇年もさかのぼったら、日本全国の人々は、全員が親戚になってしまいます。

たとえば、一人の人間が生まれるためには父母二名が必要です。その父母が生まれるためには四人の祖父母、祖父母が生まれるためには八人の曾祖父母が「必ず」います。

こうして2のn乗で計算していくと、現代の一人が生まれるためには、七〇〇年前には一億三千万人が必要になります。けれど七〇〇年前の日本の人口は七〇〇万人弱です。このことが何を意味しているのかというと、日本人は全員、ご先祖がどこかでかぶっているわけです。奈良平安の昔なら千年以上、弥生時代なら二五〇〇年、縄文時代なら一万七千年もの昔にさかのぼります。つまり日本人は、その間、何度も祖先がかぶっている……つまり、みんな親戚だ、ということになります。

このことから、四〇〇〇年くらい前までは〇〇家のご先祖という言い方ができますが、七〇〇〇年以上さかのぼると、もはや〇〇家のご先祖とはいえず、天下万民（つまり日本に住む日本人のこと）は、全員血縁関係にある、ということになります。

そこでご先祖をずっと上《かみ》のほうにさかのぼった人々の共通のご祖先という意味で「かみ（神・上）」と呼ばれるようになったのです。そしてその「人々の共通のご先祖の時代」としての「神々の時代」の出来事を時系列にまとめて整理して筋書き化したものが、神語《かむがたり》とされていたわけで、こうして生まれた神語と、考古学上の発見が、戦前戦中までは、統合されることがなかったのです。

このため弥生土器があり、それよりもっと古い時代の縄文土器の存在は認められるものの、それらが縄文時代とか、弥生時代といった歴史上の時代区分にまで用いられることはありませんでした。

このことに変化が訪れたのが、終戦後のＧＨＱによる神話教育の否定です（これを神道指令と言います)。これにより、単に土器の区分にすぎなかった縄文土器、弥生土器の名称が、戦後には「時代区分」となって、縄文時代、弥生時代という用語が出来ました。つまり初期の頃の縄文弥生の時代区分は、我が国の先史時代の神話教育を否定するために用いられた政治用語であったわけです。

新石器時代の常識を変えた発見

ところが、GHQのおかげでにわかに活気《かっき》づいたのが、考古学会でした。

戦争が終わった翌年の昭和二十一年(一九四六年)には、市井《しせい》の考古学研究家の相沢忠《あいざわただ》洋《ひろ》が、群馬県赤城山の麓《ふもと》から、相次いで石器を発掘します(岩宿遺跡)。そして昭和二十四年には、明らかに人工品と認められる黒曜石《こくようせき》の槍先形尖頭器《やりさきがたせんとうき》を発見しました。

石器の形状から、自然石をそのまま使用していた時代を「旧石器時代」、自然石を人が使いやすいように加工して使うようになってからの時代を「新石器時代」と区分します。そして世界の新石器時代が、おおむね八千年前の古代シュメール文明にはじまるとされていた時代に、なんと相沢忠洋は三万年前の磨製石器《ませいせっき》を発見してしまったのです。

磨製石器は、世界で古いものとしては、

ヴォレンドルフ遺跡（オーストリア）　約二万五千年前

コスチョンキ遺跡（ロシア）　約一万四千年前

アフォントヴァゴラ遺跡（ロシア）　約二万年前

ナワモイン遺跡（オーストラリア）　約二万千五百年前

マランガンガー遺跡（オーストラリア）　約二万九千年前

などの遺跡から発見されています。しかし我が国で発見された磨製石器は、それらのいずれのものより古いのです。さらに、海外で発見された古い時代の磨製石器は、その後、これら磨製石器を用いていた種族がどのような文化を発展させたのかを示す遺物遺構《いぶついこう》がまったく発見されていません。つまりポツンと、これらの石器が、過去の古い時代のものとして「遺《のこ》されている」だけです。むしろ、そこにたまたま磨製石器文化をもった人が、やって来たと解釈したほうがよさそうなのです。

磨製石器は、新石器時代を代表する石器です。鉄器が普及しなかった地域では二十世紀になってからも磨製石器である石斧などが普通に使われていました。磨製石器の製造技術は、なんと現代の最先端技術である半導体のシリコンウエハースの研磨技術の基礎にもなっているものです。

三万八千年前に外洋航海術をもっていた日本人

石器時代が新石器時代に入ることで、人類は神話をもつようになったと言われています。硬い石を加工するためには、集落内にそのための専業者が必要になるからです。原始的な少数の集落では、子育てをする女性たちと、狩りや漁に出かける男たちといった程度の分業で済みますし、会話も「おい！」「おう！」「ああ」「うう」といった音符程度で済みます。

ところが、硬い石を加工するためには、石を加工する専門の人、そういう人の分も合わせて食料を獲《と》ってくる人、食料を加工する人等々、村落内での社会的分業が必要になり、また、会話もそれなりに発達した言語が必要になります。そして、集団の規模がさらに大きくなれば、その集団を維持するために、自分たちはなぜここで集団を形成しているのかを示す神話が必要になると考えられるからです。

つまり、旧石器時代から新石器時代への移行は、人類社会にとっては一大事といってよいほどの進歩があったのです。

それだけ重要な意味をもつ新石器が、日本では相沢忠洋の発見のあと、調査が進むにつれ、なんと、最も古いものはおよそ三万八千年前にまでさかのぼることがわかりました。これは伊豆諸島の神津島《こうづしま》でしか採《と》れない黒曜石が、長野や沼津の遺跡から発掘されたことによって確認されました。伊豆半島から洋上に浮かぶ神津島までは、海上五七キロの距離があります。しかもそこは黒潮に洗われ、潮流が速くて、泳いで渡ることはできません。また木をくり抜いただけの丸木舟でも、往来は不可能です。少なくとも、帰路には石を持って運ばなければならないからです。

この「石を持って外洋を往来《おうらい》する」ためには、南太平洋の島々にいまもある、アウトリガー付きの帆掛け船の存在が不可欠になります。葦《あし》の茎《くき》などを使って、船をつくり、その片側に船体を安定させるためのアウトリガーを付けます。ディズニー・アニメの『モアナと伝説の海』に登場していた船の姿に近いと思われます。実際にどのような船が使われていたのかは想像の世界でしかありませんが、はっきりわかっていることは「伊豆半島から神津島まで海上五七キロを、石を持って三万八千年前に往来していた」という事実です。つまり、我々日本人の祖先は、三万八千年前には、すでに外洋航海を自在にこなすだけの航海術と船舶《せんぱく》をもっていた、ということです。このことは、世界の新石器が八千年前にはじまるという事実を考えれば、どれだけすごいことであったか、といえるでしょう。

いまとは違っていた日本列島の姿

さらにおもしろいのが日本列島の姿が現代とまったく違っていたということです。万年の単位で時代をさかのぼるときには「海岸線を現在と同じと考えてはいけない」のです。

現代の海面の高さは、この二十万年くらいの間では、かなり高い時代にあたります。四万年前から三万年前あたりの海面はいまよりも七〇〜八〇メートル低く、さらに二万年前になると（これが最終氷河期の時代ですが）、海面がいまより一四〇メートルも低くなります。

どうしてそうなるかというと、地球環境が刻々《こくこく》と変化しているからで、特に寒冷期にあたる氷河期には、陸上にたくさんの氷が出来るため、その分、海面が低くなります。

反対に、温暖化が進んだ六千年前には、陸上の氷が海に溶け出し、さらに海水そのものが熱膨張を起こすことで、海面が最大でいまより二〇メートル前後高くなります。これが縄文海進《じょうもんかいしん》と呼ばれた時代で、いまの関東平野は北関東海という海原であり、平野部はおおむね海に沈んでいました。縄文時代の遺跡（貝塚等）が、海からかなり内陸部に入ったところにあるのは、それが理由です。

さて、海面が低かった時代は、たいへんな寒冷期で、年間の平均気温がいまよりも十二度近くも低かった時代です。日本列島はおおむね寒帯化していたのですが、ところがここにおもしろいことがあるのです。

海面が一四〇メートル下がると、いま大陸棚となっている水深一三〇メートルの海域は、ほぼすべて陸上に露出します。すると日本列島の中央部からグアム島やパラオに至るまでに、小さな島が連続している海域が出現します。この時代にはなんと、島伝いに小舟でグアムまで行くことができたのです。

また、九州から台湾にかけての海域では、琉球諸島がいまでは小さな島が点在しているだけですが、そこに巨大な島が連続する列島が出現します。そしてその北側には、広大な内海《うちうみ》が広がり、その向こう側のいま東シナ海や黄海となっているエリアは、広大な平野部になります。朝鮮半島はその広大な平野の北東に位置する山岳地帯になります。この広大な平野部のことを「東東亜平野《ひがしとうあ》」と呼びます。また琉球列島とこの東東亜平野との間にあった内海は、山蛭《やまびる》のような形をしていて、昔はどうやら「ひる湖」と呼ばれていたようなのです。

こうした二万年前のおおよその地形は、お手元のスマホやパソコンでグーグルマップの航空写真モードを使うと、簡単に確認することができます。グーグルマップで、薄い水色に描かれているところが二万年前には陸地だったところです。拡大してよく見ると、明らかに河口であったと思われる地形などを見ることができます。

タカラのハラの「アマテラス」

さて、ひる湖は、外洋とつながった地中海のような広大な塩水湖でしたが、水深が浅く、東シナ海となってしまった現代でも世界一透明な海ですから、当時もおそらくは海底にまで陽光が届き、その陽光を得た海藻《かいそう》が繁殖し、これを食べるプランクトンが豊富で、そのため魚の宝庫であったことがうかがえます。しかも内海ですから波がおだやかで、漁労をするにはもってこいの場所であったことでしょう。

さらにおもしろいことに、この琉球ラインからグアム島ラインにかけては、赤道から暖流が流れ込み、それが還流していたであろうということです。この時代、ユーラシア大陸と北米大陸は陸続きです（これまたグーグルマップで確認できます）。ですから北極海からの寒流は南下してきません。

一方、赤道から流れ込む暖流は、いまの台風の進路と同じように台湾から琉球諸島を北上し、本州から伊豆諸島、小笠原諸島（当時はどちらも列島）で南下するのです。つまり、この琉球ラインからグアム島ラインにかけては、最終氷河期という寒冷期にありながら、暖流のおかげでとても温暖であったことがうかがえるのです。

三万八千年前には、すでに伊豆半島から神津島までを船で往来していた倭人《わじん》たちです。時の経過とともに、二万年前にはこの海域を自在に船で往来していたであろうことは想像に難《かた》くありません。美しい海と島。島から島へと自由に海を渡って暮らす人々。地形で見るかぎり、まるで『モアナと伝説の海』さながらの暮らしが、この時代にあったのかもしれません。

琉球ラインに住む人々、グアム島ラインに住む人々、両方を合わせても、当時の人口は十五万〜二十万人です。何千年も経過すれば、すべての部族はみんな血が混《ま》じります。つまり全員が親戚になります。琉球ラインからグアム島ラインまでは、広大なエリアですが、海を渡って暮らす人々にとっては、それらはひとつの生活圏です。

もちろん違いもあります。グアム島ラインが小さな島がポツポツ並んでいるのに対し、琉球ラインは列島を形成していて陸が大きい。特にそのあたりは、陸に平野が広がっていた様子がうかがえます。そうであれば養える人口が多くなります。そして大勢の人が暮らすには、そこにリーダーの存在が不可欠です。

場所柄、リーダーの住む屋敷には、サンゴや貝殻のパールなどで、きらびやかな装飾が施《ほどこ》されていたかもしれません。それらは太陽の光を浴びると、燦然《さんぜん》と美しく輝《かがや》いたことでしょう。

もしかすると、そんな建物のある美しい平野が「タカラのハラ」、そこにある太陽の光を浴びて、貝やサンゴが輝く大きなお屋敷は、「太陽（あま）照《て》らす」お屋敷であったことでしょう。そして、この「タカラのハラ」や「アマテラス」が、万年の時を越えて神格化されて、「高天原《たかまがはら》」や、「天照大御神《あまてらすおほみかみ》」と呼ばれるようになったのかもしれません。

ちなみに稲は本来熱帯性植物ですが、仮にもし沖縄のあたりが、二万年前の寒冷期においても一定以上の気温があったとすれば、そこには稲が自生します。いまは沈んでしまった広大な平野で稲が生育され、それを食べるということが行われていたのなら、その平野が沈もうとするときに、その稲穂を持った人たちが九州に上陸したとしても、なんら不思議ではありません。もしかすると日本神話にある天孫降臨《てんそんこうりん》の物語は、そうした太古の昔の歴史がストーリー化されたものであったのかもしれない。そこでこの琉球ラインにかつてあったであろう文明を、仮に「高天原文明圏」と名付けてみます。

一方、グアム島ラインで生活する人々は、広大な平野をもたず、島から島へと海を渡って暮らしています。島で帰りを待つ女性たちは、まさに「浅瀬《あさせ》に居《お》る」神に等しい存在であったことでしょう。島にいる女性たちにとって、最大の関心事は、漁のために航海に出た夫や子の無事であったことでしょう。彼女たちが神に無事を祈る。つまり瀬《セ》に居《オ》る女性たちが、海で漁をして暮らす男の無事を神に祈る。そんな暮らしが万年という長い時間の経過とともに、「瀬に居るヒメ」、すなわち「セオリツヒメ（瀬織津比売）」として神格化されたのかもしれません。

そうだったと決めつけているわけではありません。ただ、そういう想像をかきたてるところに、古代史のロマンがあるといえます。そこでこのグアム島ラインにかつて存在したであろう文明のことを、仮に「小笠原文明圏」と名付けてみます。

この高天原文明圏と小笠原文明圏は、双方とも同じ形の石器を用いていたことが確認されています。けれど模様が異なります。つまり両者につながりや交流がありながら、異なる生活様式をもっていたということです。どちらも海洋族であれば、船を使った交流が可能です。けれど広大な平野をもって陸上で食物を育てることができる人々の暮らしと、小さな島々を往来して漁労をして暮らす人々では、その生活様式も文化も違っていたことでしょう。そうしたことが出土する石器の形状にも現れているのであろうと思われます。

海洋民族が陸上生活へ――アカホヤの大噴火

さて、一万五千年前から一万年前にかけて、氷河期が終わり、陸上の氷が徐々に溶けて、海面が上昇しはじめます。海岸線も、現在のものに近くなっていきます。その間に小笠原文明圏では、多くの島が水没し、わずかな島が広大な海原に点在するだけになっていきました。高天原文明圏でも、広大な東東亜平野が海に没し、山岳地帯の頂上付近だけが、わずかに海の上に顔を出すだけの島になりました。そして、波が穏《おだ》やかで魚の多かった「ひる湖」も水没して失われてしまいます。

生き残った人々のうち、高天原文明圏の人々は、一部島に残り、一部は九州に上陸したのかもしれません。それが天孫降臨の神話になったのかもしれないと想像力をかきたてられます。小笠原文明圏の人々も、日本の本州に上陸して、そこで暮らすようになります。

それまでの人々の暮らしは、高天原文明圏、小笠原文明圏とも、海洋で暮らす海洋族です。けれど、拠点となる島が沈んでしまえば、陸上での生活を重視せざるをえない。なぜなら彼らは「島はいつか沈む」という体験をしてきているからです。

ところが多くの人々が住むようになった日本列島は、北も南も東も西も、自然災害の宝庫です。火山の爆発はあるし、大地震もある。おそろしい台風は毎年やって来ます。そして大きな自然災害があると、陸上生活では、食べ物が失われ、餓死者が出ます。とりわけ大きな事件となったのが七三〇〇年前の九州鹿児島沖のアカホヤの大噴火でした。この噴火は破局噴火《はきょくふんか》といって、巨大な火山が丸ごと吹き飛ぶという途方もない大噴火で、火山灰は遠く東北地方にまで降り積もっています。

火山の噴煙は、大量のガラス質を含みます。これを吸い込むと、肺にガラスが刺さり、呼吸不全を起こして死に至ります。わずかに生き残っても、空は何年にもわたって噴煙が覆《おお》い、地上の作物には火山灰が降り積もり、極端な冷夏となり、また海にもガラス繊維が大量に溶け込んで、魚たちを殺します。

集落の発達と稲の栽培

これだけの大被害をもたらした大噴火であっても、生き残る人はいるものです。とりわけ季節風の影響で、北九州から山陰、そしてかつての越《こし》の国、いまの富山県、新潟県、それと秋田県、青森県のあたりは、火山灰の影響をあまり受けずに済みました。また噴火した火山の南側に位置する沖縄諸島のあたりも、噴火の影響をほとんど受けずに済みました。つまり、巨大火山の噴火に遭《あ》っても生き残った人々がいた、ということです。

このことは、二つの事実を生んでいます。ひとつは青森県の三内丸山《さんないまるやま》遺跡です。この場所で集落が営まれるようになったのが、アカホヤの火山噴火の少しあとの時代です。

また、やはり同じ時期から、九州北部から山陰地区、越前越後地区、それと朝鮮半島の南部から大型の釣り針が発掘されるようになりました。つまり、陸上で作物が採れなくなった分、大型の魚を捕《と》って腹を満たそうとしたのでしょう。

そして火山灰が沈静化し、真っ黒に灰をかぶった大地に、ふたたび緑が戻った頃には、琉球ラインの太陽が照らす「アマテラス国」から、祖母の種籾《たねもみ》をいただいて九州に上陸を果たした人たちがいたのかもしれません。これがもしかするといわゆる天孫降臨《てんそんこうりん》かもしれない。なぜなら、そのように考えると、天孫降臨が九州の宮崎であったことに合理的な説明が付くからです。

おもしろいもので、このときに降臨したとされるニニギノミコト（アマテラスの孫）の別名が、「天之杵火火置瀬尊《あめのぎほほぎせのみこと》」です。漢字の意味からすれば「タカラのハラ」の「アマテラス国」から、「沖の瀬で火を吹いた火山のあった場所から火を置いてやってきた尊《みこと》」という名が日本書紀に記されていることになります。

海洋族と陸上族

一方、畿内より東に住んでいた人たちはどうなったのでしょうか。

グアム島ラインの人たちも、もともと海洋族です。火山灰が十センチ以上も積もり、陸上での生活ができないとなれば、船に乗って住める場所へと移動します。本州を島伝いに、アカホヤの噴煙の影響の少ない場所まで北上すると、青森県にたどり着きます。こうして三内丸山遺跡のあたりに、生き残った人々が移り住むようになります。おそらく一部は北海道へも流れたことでしょう。

幸いなことに、アカホヤの噴火のあと、日本列島の年平均気温が二度ほど上昇し、青森から北海道のあたりは、いまの関東なみの気温になっていたようです。当時の青森は、温暖でいまほど雪に閉ざされることがありませんでした。

アカホヤの噴火後に生き残った人たちは、日本列島全体で、おそらく一万人以下だったことでしょう。もしかしたら、数千人だったかもしれない。けれど人々は繁殖し、しだいに人口が増え、また噴火の影響がおさまるにつれて、人々の居住場所は日本列島全域に広がっていったと考えられます。

こうして日本は、主にグアム島ラインの人々が東日本に住み、主に琉球ラインの人たちを祖先にもつ人たちが西日本に暮らすようになっていったと考えられます。ただし、数百年もすれば、すべての人は血が混ざり合うので、日本全国誰もが親戚になってしまいますが。

よく、日本人は北のバイカル湖のあたりからやって来た北方系と、大陸から半島を経由してやって来た大陸系が混ざり合って生まれたという人がいます。

　こうした説は、①日本人は大陸から流れてきて生まれた、②人は陸上でのみ生きる、という二つの前提から生まれていると思われます。しかし、人間は塩がなければ生きていくことができません。いまお話ししている二〜三万年前の視点ではなく、はるかに現代に近い縄文時代における遺跡を見ると、ほぼすべてに貝塚があり、海岸で貝を拾って食べて暮らしていたことが明らかです。その頃も、またそれ以前も人々がむしろ海洋族として、海と島で生活していたと考えたほうが、はるかに論理的といえるのです。

　ちなみに、太平洋での太古の昔の文明といえば、ムー大陸文明なるものが取りざたされることがありますが、「カタカムナ」で「ム」といえば「広大なもの」を意味します。ということは、それは広大な大陸ではなく、広大な海における島から島への海洋族の暮らしを意味していたのかもしれません。


　そもそも、着るものもろくにない裸の人類が、食べ物を得て安心して暮らすためには、森で生活するよりも、海で生活するほうが、はるかに楽で合理的です。

　実際、いま、なんらかの天変地異でいきなり文明が崩壊した場合、森で獣《けもの》や樹の実をとって生活するのは、現代人でも、まず無理でしょう。ウサギやタヌキを捕まえようと思っても、そうそう簡単に捕まるものではないし、一年中収穫できる木の実もありません。しかも丸ハダカで森を走り回ったら、草や木の葉で体じゅう傷だらけになります。

けれど海なら、魚や海藻や貝をとって生活することが、素人でもある程度可能です。ただし、人には真水が必要ですから、陸があり、山があり、川が流れるある程度の大きさのある島でなければ、人は生活できません。

万年の単位で人々の営みを考えると、地形の変化や気温の変化といった問題は、考古学上、避けて通れないものです。ようやくそうしたことが考慮された、新たな古代史研究がなされるようになってきました。これからの考古学は、まさに注目の的《まと》です。

日本人は、いまでこそ稲作民族と呼ばれるようになりましたが、そうなったのは、ほんの二〜三千年前のことです。万年の単位で歴史をさかのぼれば、日本人はもともと海洋族であったことがわかります。

日本人の海洋族的気質

海洋族と、陸上族の間には、大きな文化の隔《へだ》たりがあります。

陸上では王などの権力者から逃れることができないため、いきおい上下と支配の関係が成立しやすい文化となります。これに対し海洋族は、王などの権力者が、何を大声で怒鳴《どな》ろうと、船に乗って大海原に出てしまえば、まったく関係ありません。つまり自由人なのです。

いまでも日本人には、誰かがひとつの思想等を強要しても、「てやんでえ、こっちにはこっちの人生があるんでえ」といった気分が濃厚にあります。

日本でキリスト教を布教しようとした戦国時代のバテレンたちの布教がうまくいかなかったのも、明治時代に欧米列強諸国が日本にキリスト教を布教しようとしてうまくいかなかったのも、戦後GHQがさかんにキリスト教を布教しようとしてうまくいかなかったのも、あるいは共産主義が莫大な資金を投じて日本人のマインドの解体工作を行っていながら、ここへきて日本人としての精神性に目覚める人たちが続々と数を増していることも、あるいは仏教があれだけの巨大建造物を用いて国内の布教に努めながら、いまだに大半の日本人がお正月になれば神社に参拝に行くのも、もしかすると、もともとの日本人が海洋族であり、人から言われたことよりも、自分で良かれと思うことを優先するという自由な気性を万年の単位で熟成してきたからなのかもしれません。

二　縄文時代の暮らし

自生していた稲を栽培するようになった理由

我が国の縄文時代のはじまりは、いまから一万六五〇〇年前とされています。これは青森県の大平山元Ⅰ遺跡《おおだいやまもといちいせき》で、我が国最古の土器が発掘されたことによります。そして三千年ほど前の弥生時代の始期までのおよそ一万四千年という、途方もなく永い期間が縄文時代とされる時代です。

一万七千年前あたりから地球全体の気温が上昇しはじめました。すると北極圏や南極圏の陸上にあった氷が溶けて海に流れ込み、海面が上昇しました。海面はおよそ六千年の間に百メートルも上昇したとされています。

これによって、かつて人々が往来して暮らした島々が海に沈み、生き残った人々の、一部はグアム島に残り、また日本列島に渡り、あるいは琉球諸島、台湾、中国に移り住むようになりました。なにせいままで住んでいた地域や島が、徐々に海中に没していったのです。これはやむをえないことです。

さらに六千年前くらいになると、今度は海面がいまより十メートルほども高くなりました。その頃はいまの全国の海沿いの平野部はおおむね海の中です。関東平野も当時は島の点在する海でした。その海には名前も付いていて、「北関東海」と呼ばれています。さらにこの六千年前は、いまよりも年間の平均気温が二度ほども高い時代でした。

年間の平均気温は摂氏一度違うと仙台の気候が鹿児島の気候となります。二度違うと台湾の気候になります。いま、台湾は南半分が熱帯、北半分が温帯ですが、六千年前の日本列島も、西日本一体が熱帯性気候でした。

するとどうなるかというと、西日本は（熱帯ですから）ワニも生息するし、雨季と乾季があり、熱帯性植物である稲が自生《じせい》します。稲は多種性植物で食用に適しているため、おそらくその時代の人々は米を食べていたことでしょう。

実際、岡山県灘崎町《なださきちょう》にある彦崎貝塚から、およそ六千年前の稲の生息を示すプラントオパール（イネ科植物の葉などの細胞成分）が大量に発見されています。この遺跡からは稲のほかにキビ、ヒエ、小麦など雑穀類のプラントオパールも検出されていることから、食用にされていたことは明白で、ほかにも岡山県岡山市の朝寝鼻《あさねばな》貝塚等からも大量の稲のプラントオパール（およそ六千年前のもの）が発掘されています。

問題は、そのあとに起きたことです。四五〇〇年ほど前には、逆に気温が年平均で三度も下がってしまうのです。すると日本列島は、いまよりずっと寒くなって、鹿児島あたりでも冬になれば一面雪に覆《おお》われるようになります。

いままで熱帯だったから熱帯性植物の米を食べることができたのです。それが寒い気候になると、もはや稲が自生できません。けれど人間というのは、そうそう簡単には食生活を変えられない。加えて冷蔵庫がなかった時代に、数年単位で備蓄《びちく》できる食料は米しかありません。

気温が下がったからお米が採れない、だから米の備蓄はできなくて仕方がない、というわけにいかないのが人々の暮らしです。そこで、なんとかして稲を育てようと努力する。人々は窪地《くぼち》に水を入れ、苗《なえ》を植えました。つまり熱帯性気候にある雨季を人工的に演出したのです。

こうして稲の水耕栽培がはじまります。必要こそが発明の母なのです。実際、佐賀県唐《から》津《つ》市にある菜畑《なばたけ》遺跡から縄文後期（およそ四五〇〇年前）の水田跡と稲の水耕栽培跡が確認されています。稲が南方から伝わったと説く方は大勢おいでになりますが、温帯では育たない南方種の稲が、なぜわざわざ水田を築いてまでして栽培されるようになったのかについては、あまり語られることがありません。

稲作が大陸からやって来た説は本当か?

そもそもなぜ稲が大陸から伝わったという前提条件のもとでしか歴史を考えようとしないのでしょう。雨季と乾季をもつ熱帯なら、稲は自生します。そして日本列島の西部が熱帯性気候であった時期があれば、その間稲は自生する。わざわざ大陸から稲を運んで輸入する必要はありません。朝鮮半島などは、稲のDNAの形からすれば、むしろ日本から稲作が伝えられたと考えたほうが、はるかに合理的です。

稲作が中国から朝鮮半島を経由して日本にもたらされたと学校で習った方も多いかと思いますが、なるほど中国の揚子江《ようすこう》の流域では稲作が行われていますが、北側にある黄河《こうが》の流域では気象条件の違いから稲作はできません。このためいまでも寒冷に強い小麦の栽培が行われています。

さらに稲作が日本に渡来したルートとされる山東《さんとう》半島、遼東《りょうとう》半島から朝鮮半島にかけては、まったく稲作に適さない環境です。だから小麦や大豆が栽培されています。いまでは鴨緑江《おうりょっこう》の河口付近で稲作が行われていますが、これは戦前に日本人が入植してからはじめられたことです。つまり、揚子江流域から陸路で朝鮮半島から日本にまで稲作が広がったという説は、科学的に成立しないのです。

では海の道ではどうかというと、この場合、揚子江流域から日本へ稲作が渡来した可能性は否定できませんが、そうであるなら、逆に日本から揚子江流域に稲の水耕栽培が伝えられたとも考えられるわけです。その両方の見解が比較検証されなければ、どちらか一方の説だけが正しいと断ずることはできないと思います。

武器を持たなかった縄文人

ここで大切なことをもうひとつ申し上げる必要があります。それは縄文時代という一万四千年も続く途方もなく永い期間にわたって、我が国には人が人を殺す文化がなかった、ということです。

縄文時代の遺跡は全国に数万箇所あります。皆さまのお住いのお近くにある貝塚は、すべて縄文時代の遺跡です。そしてこれらの遺跡からこれまでに多数の遺物が発掘されています。ところがその中で、世界中の古代遺跡では必ず発見されるのに、日本の縄文時代の遺跡からはいまだにひとつも発掘されないものがあります。それは何でしょうか。

答えは、人が人を殺すための武器です。もちろん鏃《やじり》や石斧《いしおの》などは多数発見されています。しかし鏃は大型動物である人に用いるには小さすぎます。石斧も石が小さくて柄《え》の部分が長い。そんなものを武器にしようとしても柄のほうが先に折れてしまって役に立ちません。石で出来た磨製石器の剣もありますが、小型で、やはり対人用の武器としては使い物にならない。生活用の道具として用いられていたであろうと思われるものしか出土していないのです。つまり、縄文時代の日本には、人が人を殺す文化がなかったということです。

平成二十八年（二〇一六年）に、山口大学と岡山大学の研究グループが全国二四二箇所の二五八二点の人骨を調査したところ、骨にまで達する傷を受けた痕跡《こんせき》のある人骨は、わずか二三点（〇・九パーセント）でした。これは他国や他の時代と比べて極端に低い比率です。さらにいえば、その傷は、転落事故など、なんらかの事故による傷であったのか、戦いによる傷であったのかの区別がつきません。戦いによる死であるならば、同種の傷をもつ人骨が同じ場所に多数埋まっていなければならないはずなのに、それがない。単独で傷を受けた状態で埋葬されているわけです。ということは、やはり戦いそのものがなかった、人が人を殺すという文化をそもそも持ち合わせていなかったことになります。

また縄文時代といえば、人の形をした土偶《どぐう》がたくさん出土していますが、もちろんその多くが女性を象《かたど》ったものということもあるのですが、やはり土偶に武器を携帯した像がひとつもありません。

では我が国の人々が武器を手にするようになったのがいつ頃なのかというと、弥生時代後期、つまり一世紀以降のことです。それでもその頃の太刀《たち》は、形状や材質から、中国からの輸入品であったとされています。一世紀というと、西暦五七年に倭の奴国《なこく》の王が後漢に使いを送ったことが中国側の記録にあります。それでいて対人用の刀槍《とうそう》類は、まだ発見されていないのです。

では日本でいつ頃から武器が発掘されるようになるかというと、三世紀の古墳時代からです。古墳の副葬品としての埴輪《はにわ》には、刀槍や弓矢を手にした像が多数発掘されています。

貝殻を使った装身具と足形付き土器

縄文時代の遺跡から発掘される人骨は、男性の人骨なのか女性の人骨なのかが、調べなくてもわかるといわれています。なぜかというと、男性の人骨は装身具がまったくないのに、女性の人骨はブレスレットや首飾りなど、貝殻等で出来た装身具をたくさんまとって埋葬《まいそう》されているからです。

おそらく男性が十五〜十六歳で結婚年齢に至ると、自分で美しい貝殻を集めてきて、それを丁寧に加工し、愛する女性に自作した装身具を渡しながら「僕と結婚してください」とプロポーズしたのでしょう。女性が「いいわ」とそれを受け取り、大切に身につける。そして子を産む。

この時代の平均寿命は栄養状態のこともあり、だいたい男女とも二十歳代半ばくらいです。早々と永久《とわ》の別れがやって来る。たいていの場合、男性のほうが先に逝《い》き、女性はあとから逝く。二十代半ばなら、まだラブラブです。だから埋葬されるとき女性は、愛する夫にもらった装身具を、「ずっとあなたと一緒よ」と、身につけたまま棺《ひつぎ》に入る。そんな暮らしが想像できます。

また北海道や岩手などの遺跡からは、「足形付き土版」と呼ばれる土器が多数発掘されています。いまでは信じられないことかもしれませんが、昔は子がよく死んだのです。昭和の中頃でも成人できる子は、生まれた子の半分くらいでした。私の父の兄弟も、生き残ったのは長男と四男だけで、次男と三男は幼少期に病没しています。子が滅多に死なずに成人できるようになったのは、医学の発達したつい最近のことでしかないのです。まして万年の昔の縄文時代のことです。残念なことになる子は多かったことでしょう。足形付き土版は、そんな亡くなった我が子の足形を粘土に取り、それを焼いて、ずっと大切に持っていたものではないかといわれています。私たちの祖先は、そうして万年の昔から子を慈《いつく》しむ優しい文化を形成してきたのです。

一万二千年前から漆を栽培していた日本人

平成二十三年（二〇一一年）十月十三日に、福井県若狭町の鳥浜貝塚から昭和五十九年（一九八四年）に出土していた漆《うるし》の木の枝が、約一万二六〇〇年前の縄文時代草創期のものであることが、東北大学の鈴木三男教授（植物学）ら研究グループの調査でわかりました。

この漆の枝は、長さ約二〇センチの木の枝です。森林総合研究所（茨城県つくば市）で、二〇〇五年に顕微鏡で漆と突き止められました。そして二〇一一年八月に、千葉県佐倉市の国立歴史民俗博物館（通称：歴博）で放射性炭素による分析が行われ、なんとそれが一万二六〇〇年前のものであることが判明しました。

これは大変なことで、単に日本に漆の木が自生していたという話ではなく、当時の人々が目的をもって漆を栽培していたことを意味します。なぜなら漆の木は、栽培がとてもむずかしく、自然にはなかなか育たない樹木だからです。下草を刈って毎年手入れをしながら、樹液の採取ができるようになるためには十年近くもかかるのです。

ですから漆の木が出土したことは、いまから一万二六〇〇年前に、すでに人々が定住して集落を営《いとな》み、漆の木を漆採取という目的をもって栽培していたという証拠になるのです。

考古学者の中には、その頃の日本人（縄文人）は、まだ定住性がないから、漆は「栽培」したのではなく、「自生」していたにすぎないと反対する人もいます。けれど検査の結果わかったことは、この漆の木片は日本固有種であって、渡来ものではありませんでした。さらに、いまから九千年前には、北海道函館市の垣ノ島B遺跡で漆塗りの副葬品が発見されています。

技術は進歩します。北海道の函館市の垣ノ島A遺跡で出土した注口《ちゅうこう》土器は、いまから三二〇〇〇年ほど前のものですが、なんと黒漆で下塗りをほどこし、上から赤漆を塗って味わいを出すという、非常に凝《こ》ったつくりになっています。いま見ると古臭い展示物にしか見えないかもしれませんが、これが新品だった頃には実に美しい工芸品であったであろうことがうかがえます。

さらにこうした工芸品が、我が国では王侯貴族だけの所有物ではなく、庶民が普通に生活用具として使うものとして発展してきたということです。日本は大昔から庶民文化の国なのです。

集落の真ん中に墓地がある意味

この庶民文化を決定づけるものに、縄文時代の集落跡に見られる、ひとつの特徴があります。それが「集落の真ん中に墓地がある」ことです。これは死者との共存を意味します。大昔に亡くなった祖先は、どこか遠くに行ってしまうのではなく、ずっと村で、生きている人々と共存しているのです。

このことは、二つの点で実に興味深いことです。ひとつは神道の葬式、もうひとつは南米で現在も残る風習です。

いま神道でお葬式をあげる人は少ないと思います。葬式といえばほとんどの家が仏式です。これは江戸時代に身分帳の管理を寺が行ったことによります。実は住民台帳をお寺が管理するというのは、たいへん合理的なシステムといえます。人の致死率は百パーセントですから、死者の埋葬を菩提寺に固定することで、いまでいう住民台帳の管理が確実にできるからです。

仏式の葬式では、亡くなられた方は極楽浄土へと旅立ちます。お別れを告げるので葬式のことを「告別式」と呼び、お棺《かん》に入った遺体は手甲脚絆《てっこうきゃはん》の旅装束《たびしょうぞく》です。

これに対して神式の葬儀は、葬祭《そうさい》と呼ばれます。なぜ祭りなのかというと、亡くなった方は、肉体から離れて、家やムラ、あるいは国の守り神になると考えられてきたからです。人から神になるのですから、お祝いだというわけです。

亡くなったらイエやムラの神になるという考え方は、いまでも南米などにその実例を見ることができます。彼らの集落の真ん中には共同墓地があり、たいていの場合、そこにバナナの木などが植えられています。そのバナナは特別なもので、ムラをあげての戦いなどムラの一大事のときに、そのバナナを食します。祖先の偉大な知恵と勇気と愛を、そうすることでいただこうとするわけです。

縄文時代にすでにあった「クニ」の概念

縄文時代には、まだ国という概念はなかったというのが現時点の定説です。けれど「クニ」という言葉は、縄文語にもあったとされます。

自分が住むのが「イエ」、親族の住まいが固まっているところが「ムラ」、その周りには、食べ物を生む「ハラ」が広がり、人々はそこで「ハラ」を満たしました。

そのハラの向こうにあるのが「ヤマ」で、ヤマの向こうには、また別なムラがあります。少人数でムラを営めば、だんだん血が濃くなってしまいます。ですから妻をヤマ向こうのムラから迎えたり、ムラの若い男性が遠くのムラまで出かけて行ったりして、そこで結婚して子をなすことなども多く行われました。こうしてムラ同士は、互いに親戚になっていきます。そんな親戚同士のムラが集まったエリアが「クニ」です。クニの「ク」は引き寄せるもの、「ニ」は二つのものが結びつくことを意味します。つまり男女の結びつきによって血縁者が集まっているエリアがクニでした。

縄文時代のクニという概念は、私たちの想像以上に広大なエリアです。というのは、そもそも土地の所有権がなかった時代です。そして縄文人たちは海洋族でもありました。船に乗って、どこまでも往来することができました。なにしろ三万八千年前には外洋航海をしていた民族です。魏志倭人伝《ぎしわじんでん》（中国の歴史書『三国志』の中の日本のことを記した箇所）には、倭国から船で一年行った先も倭国の内だと書かれていますが、それが書かれた一～二世紀の日本人が、海洋を船であちこちしていたとしても、なんら不思議はありません。

海洋国の民と入れ墨

日本が海洋国家であった証拠に、魏志倭人伝には、裸国《らこく》や黒歯国《こくしこく》といった国名が登場します。「水行一年行った先にある」と記されています。この裸国や黒歯国は、ほかにも後漢書、梁書にも倭国の一部と書かれ、また源氏物語にも黒歯国が末摘花《すえつむはな》の脚注に「歯黒、

山海経云　東海有黒歯国。其俗婦人歯志黒染（歯黒とは山海経にいう、東海にあるという黒歯国で、婦人が歯を黒く染める習俗のこと）」と書かれて登場しています。つまり中世までの日本では、東の海の向こうにある黒歯国が日本の一部であることが知識人にとっての常識であったのです。

この黒歯国について、おもしろい見解があります。

ペルーの東部を流れるウカヤリ川の周辺にシピボ族という先住民が暮らしています。彼らが食用にしているウィトの実があります。食用にされる木の実なのですが、同時にこの実は入れ墨にも使われる染料になるほど、一度塗ると絶対取れなくなる。そしてこの実を食べると、当然のことながら歯が、まるで染めたように真っ黒になります。さらに虫歯にもなりにくくなります。まさに黒歯国なのです。太平洋の潮流は、日本の中部あたりから、北米方面に流れています。そして北米から中米、南米と南下すると、ペルーあたりから今度は日本に向かう潮流に乗ることができます。そして流されていく場合、片道が船でちょうど一年くらいです。もしかするとペルーあたりが、かつて黒歯国と呼ばれた地域で、そこで倭人たちが暮らしていたのかもしれません。

ちなみに入れ墨の習慣ですが、我が国では全身に墨を入れる風習が昔からありました。

古くは紀元前の神武《じんむ》天皇の時代に、すでに墨を入れる習慣がありましたし、先ほどの魏志倭人伝にも倭人たちが入れ墨をしていることが書かれています。この入れ墨は、海洋族として海で暮らす場合、皮下に墨を入れていると、これがウエットスーツの役目を果たして、水温で体温を奪われにくくなります。体の一部にだけ入れるタトゥーは、おしゃれの一種なのでしょうけれど、全身に入れる墨は、海上生活には欠かせないものであったのかもしれません。

基本的に海洋族というのは自由人です。とにかく陸で誰が威張《いば》っていようが、一歩海に出れば、そこは漁師たちの天国です。誰にも制約は受けない。江戸時代のヤクザ者の入れ墨も、もしかすると俺たちはそういう自由人なのだ、という主張であったのかもしれません。

人は動く生き物です。政治的な縛りがなければ、人は暮らしやすい場所を求めて、どこまでも移動していきます。とりわけ海洋族の場合、希望する魚が居場所を変えると、その魚に付いて、漁場を移動させ、居所も移動していく。それはかつて普通にあった出来事であったといえます。

布の衣装を着ておしゃれを楽しんでいた縄文の女性たち

一昔前までは、縄文人たちは漫画『はじめ人間ギャートルズ』よろしく、男性は鹿の毛皮のパンツ、女性は鹿の毛皮のワンピースを着ていたとされていました。教科書のイラストも、そのようなイラストになっていたことをご記憶の方も多いと思います。

ところが東海学園女子短大名誉教授の尾関清子先生が二〇一二年に『縄文の布―日本列島布文化の起源と特質』を著されたところから、状況が一変。いまでは縄文人たちは布の衣装をまとっていたとされるようになりました。

尾関先生は「縄文人たちは鹿の毛皮を着ていた」という当時の常識に挑戦され、全国各地の縄文時代の遺跡から、古い時代の布のつくり方、着衣の形状、模様や柄まで詳しく研究され、これを学会に発表。縄文人たちがカラムシなどの植物繊維を細い縄や紐《ひも》にして、スダレや俵《たわら》と同じ方法で衣装を編んでいたことを突き止められました。発表当時は「ありえない」と、ずいぶんと叩かれたといいますが、実際に鳥浜貝塚等から布が発掘されており、布の衣装説の正しさが証明されました。

普通に考えて、日本のように高温多湿の環境下にあって、いかに縄文人とはいえ、日本のジメジメした夏の暑い盛りに毛皮のパンツをはいていたら、大事なところがインキンタムシになってしまいます。つまり少し前までの「鹿の毛皮説」は、はじめからかなり無理のある説であったと言わざるをえません。もっとも、寒い冬場は、布の衣装の上から鹿の毛皮をまとったりはしていたようですが。

また女性がおしゃれを楽しむのは、なにも現代社会だけに限ったことではなくて、縄文時代の女性たちもまた、刺繍《ししゅう》によって衣装にさまざまな柄をつけたり、布を染めてカラフルな色合いにしたりして、ファッションを楽しんでいたようです。尾関先生による縄文時代の衣装の復元モデルは、ネットで写真をたくさん見ることができますが、そのままの服装で原宿あたりを歩いても、おそらくなんの違和感もないほど、おしゃれな服装になっています。

さらに縄文時代の女性たちは、耳飾り、首輪、腕輪、手首の装飾品、腰まわりの装飾品など、たくさんの装身具を身にまとっていました。これは発掘される人骨が女性であれば、必ずといってよいほど、どの女性もさまざまな装身具をまとった状態で発掘されることで証明されています。おもしろいのは、シャーマンのような特別な女性だけがたくさんの装身具を見につけているのではなく、どの女性もおしゃれを楽しんでいたことがうかがえることです。縄文時代は、武器を持たない（人が人を殺さない）文化が、一万四千年以上も続いた時代です。そんな時代に、女性たちがおしゃれを楽しみながら日々を暮らしていたなんて、ちょっとロマンチックです。

ちなみに装身具はサンゴや貝殻《かいがら》を使ってつくられています。出土して展示館に飾られている装身具は、どれも何千年も土に埋まっていたものですから、すっかり表面の光沢が失われていますが、サンゴは赤珊瑚《あかさんご》などが用いられましたし、貝殻は、表面のさまざまな色合いと、裏側のパール部分が上手に用いられています。つまりそれらが新品だった頃は、キラキラと美しく輝く装身具であった、ということです。

自然に密着した縄文人の食生活

縄文人たちは、もともとが海洋民族ですから、男たちが漁撈《ぎょろう》を行い、女たちが植物採集をすることで日々の食生活が行われていました。広い平野部をもつところでは、稲も栽培されていたことでしょう。

縄文人たちの食生活については、縄文カレンダーなどに示されているので、ご覧になられたことがある方も多いと思います。

それによると、縄文の人々は、栄養価がもっとも高く美味しくなる旬《しゅん》を知り、動物、魚介類、山菜、果物をとって、四季折々の食生活を楽しんでいたことがわかります。

さらに、調理法や保存法もいろいろと工夫していたようです。木の実を粉末にして保存し、これを焼いてクッキーのようにして食べたり、魚を干物《ひもの》にして保存して食べていたであろうことは、さまざまな遺跡から推定できますが、それでも、火山の爆発が起きれば、場合によっては数カ月、数年単位の食料の備蓄が生き残りのための重要なファクターになります。

稲は、玄米の状態であれば二十年経っても食べることが可能です。数年単位の保存なら、味も（多少不味《まず》くはなりますが）普通にご飯にして食べることができます。そしてこのことがその後の日本の成立、古代大和朝廷の成立に深く関わってくるのです。

海で獲《と》れる魚は、季節によって異なりますし、海流や水温の変化によって漁場も年々変化します。そうした変化の中で、男たちは妻子がお腹いっぱい食べられるように、季節ごとにさまざまな新鮮な魚を持ち帰る。女たちは、そうして獲れた魚に、貝や木の実や山菜や育てている野菜や果物、米などを加えておいしいご飯をつくる。そんな暮らしが万年の単位での我が国の暮らしであったのでしょう。

ちなみに縄文時代の狩猟採集生活では、労働時間は男女とも平均して一日三時間くらいであったといわれています。それ以外の時間は、お昼寝をしたり、道具をつくったり、お話をしたりと、お楽しみの時間であったといわれています。人々の暮らしはのどかだったのです。

三　古代の天皇と庶民の関係

従来の説と異なる弥生時代の暮らし

これまでの長い歴史を簡単に振り返ってみましょう。

日本における旧石器時代のはじまりが、いまから十二万年前。

新石器時代のはじまりが、いまから三万八千年前。

縄文時代のはじまりが、いまから一万六五〇〇年前。

弥生時代のはじまりが、いまから三千年前。

旧石器から新石器への移り変わりは、自然石をそのまま使っていた時代から、人が石を加工して使うようになった時代への移行です。硬い石を加工するために村落の大型化と社会的分業体制の確立が必要になり、大型の村落が営まれるようになるためには、高度に発達した言語が必要になりました。つまり新石器のはじまりが文明のはじまりでした。世界における新石器時代は八千年前のシュメール文明からと言われているので、我が国はそれよりも三万年以上前にすでに文明を開花させていたことになります。

そして、新石器から縄文への移行は、人々が土器を使うようになったこと。つまり粘土で形をつくったものを焼くことで、硬い土器に仕立て上げるようになった時代への変化を意味します。これは火力を高度に発達させて用いたという意味で、新石器時代よりも新しい文明の状態をもたらしました。ただし、それは現在発掘されている最古の土器が一万六五〇〇〇年前のものであるから、そこから縄文時代がはじまったとされているだけで、もしかすると、もっと以前から人々は土器をこしらえていたかもしれません。でもそれは想像できるだけのことで、現時点では考古学上の発見がないため、新石器時代から縄文時代への、これを「変化」としているわけです。

その縄文時代には、万年の歳月の中で、私たちの祖先は漆《うるし》を栽培し、それを土器に塗ることで表面がすべすべの土器をこしらえたり、土偶をつくったりしていました。火焔《かえん》土器は、縄文式土器の中でも特に有名です。壺の表面に粘土で付けた模様は、これまで単なる装飾と思われていたのが、近年では、文字であると考える学者も現れています。

縄文時代から弥生時代への変化は、土器の変化に特徴づけられます。それまでの土器は、木を燃やすことで火力を得ていたのですが、これが炭を用いることでより高温の火力を得るようになり、このため土器が薄く使いやすくなりました。それが弥生式土器です。

これまでは、弥生時代になって、稲作が大陸から半島を経由して日本に伝わり、人々の暮らしが（縄文時代よりも）豊かになったと説明されてきました。ところが近年、米に含まれるガラス成分であるプラントオパールによって、稲作がすでに八千年前にははじまっていたことが確認されました。すると、弥生時代に大陸から朝鮮半島を経由して稲作がもたらされたという従来説はかなり怪しくなります。稲のＤＮＡの解析から、むしろ日本から半島や大陸に稲作がもたらされたと解釈したほうが合理的となる証拠も出つつあります。

また、かつては縄文人と弥生人は骨格も顔立ちもまったく異なる、つまりＤＮＡの異なる種族であったのではないかという説が広がりましたが、これもまた、近年ではすっかり否定され、縄文人と弥生人の違いは、平成時代の日本人と令和の時代の日本人が異なる人種と述べているのと同じで、実は同じ人々であったことが考古学的に証明されるようになってきています。

こうなると、縄文時代の人々と弥生時代の人々の習俗の違いも、これまでの見解がかなり怪しいものとなってきました。縄文人が鹿の毛皮を着て、石斧《いしおの》を手にウッホウッホとやっていたような時代から、弥生時代になると布の衣装を着て稲作を行う文化的な生活がはじまったとされていたのが、縄文人が非常に装飾性の高い布の衣類を着ていたことが証明され、さらに弥生時代の遺跡から出土する衣類には、なんの装飾性もなかったことがわかってきました。土器も縄文時代の装飾性が失われ、弥生時代の土器は、非常に簡素なものになりました。

普通、生活が豊かになれば、日常的に用いる食器類も、おしゃれで装飾性の高いものになります。衣類もまた、豪華とまではいかなくても、それなりにおしゃれを楽しめるものに変化していきます。ところがどう見ても、弥生式土器、弥生時代の衣類のほうが簡素なのです。その理由についてはあとで述べたいと思います。

ふいごの技術と弥生式土器

弥生時代は、いまからおよそ三千年前から一八〇〇年くらい前に古墳が出現しはじめるまでの時代を指します。

同じ時代、中国は春秋戦国《しゅんじゅうせんごく》時代、秦《しん》の始皇帝《しこうてい》による統一、前漢の成立と崩壊、後漢の成立、魏蜀呉《ぎしょくご》の三国時代と、戦乱につぐ戦乱の時代が続きました。朝鮮半島では、箕子《きし》朝鮮といって、中国の殷《いん》王朝出身の箕子がいまの北朝鮮あたりに成立し、こののち、衛氏《えいし》朝鮮がほぼ同じ場所に成立しています。衛氏朝鮮は、中国の燕《えん》王朝の末裔《まつえい》で、国を追われた燕人たちが築いた国で、秦・漢の混乱期以来、この亡命者コロニーに逃げ込んだ中国人は数万人にのぼっていたといわれています。

要するに、中原《ちゅうげん》（中国の中央部）が戦乱に明け暮れる中で、国を追われた敗残兵などが、いまの平壌あたりに住み着いて、さかんに盗賊行為を繰り返していたという状況にあったわけです。

一方、縄文以来、土器の製作等において火を用いる文化を早い段階で形成していた日本人は、三千年ほど前から、炭を使うことで高い火力を得るようになりました。この「窯《かま》の温度の違い」が、縄文式土器と弥生式土器の違いです。縄文式土器は、窯で木を焚《た》きますが、この場合、窯の温度は八〇〇～九〇〇度になります。（江藤盛治著『縄文土器の焼成温度の推定』）

これに対し弥生式土器は窯に炭を用います。炭は、ふいごで吹くことで、室の温度を一三〇〇度まで押し上げることができます。このため弥生式土器は、薄くて堅い土器になるわけです。

この焼きの温度の違いが、たいへんな事態を招きます。それが鉄器の鍛造《たんぞう》の開始です。日本では、山火事や火山の噴火などのあとの山中に、餅鉄《もちてつ》と呼ばれる鉄の塊《かたまり》が、あちこちに転がっています。これは山中の鉄鉱石が、マグマや火災などの熱で溶け出し、地面の上でまるでお正月の鏡餅《かがみもち》のような形の鉄の塊となったものです。熱を加えることで鉄鉱石から鉄を取り出すことができるなら、もっと早い時代から鉄器が使われていそうなものですが、そのためには高温の火が必要で、縄文時代にはそれだけの火力を得ることがむずかしかったようなのです。

ところが炭とふいごによって、高火力を得ることで、鉄の加工ができるようになります。鉄をドロドロの溶解状態にするためには二千度以上が必要ですが、真っ赤に熱するだけならば、ふいごで炭を吹くことで実現できるわけです。そして真っ赤に熱せられた鉄を、叩いて鍛錬すると、不純物が飛ばされて鋼鉄が出来上がります。この方法を用いたのが日本刀の鍛造です。つまり炭とふいごによって、縄文時代には考えられなかった高温の炉《ろ》を実現したことが、弥生式土器の成立につながっていき、この温度の実現によって鉄の鍛造がはじまるのです。

弥生時代の暮らしが簡素になった理由

近年の学校では、人類の歴史は石器時代、青銅器時代、鉄器時代の順に進んだと説明されますが、この時代区分法は十九世紀初頭にデンマークのクリスチャン・トムセンという考古学者が提唱した方法で、世界中が必ずそのパターンであったかどうかまでは、わからないことです。実際トムセン自身、この区分法は「すくなくともノルウェーの歴史はこれで説明ができる」としか述べていません。

ではなぜ青銅器が鉄器よりも先につくられるようになったのかというと、銅は摂氏一〇八三度で溶けるのが、錫《すず》を加えると八七五度で溶けて青銅になるからです。つまり縄文式土器を焼く程度の温度で、青銅の加工ができる。このため青銅器はいまから五千年前から四千年前のメソポタミアにはじまり、中国では三千年前の殷墟《いんきょ》の三星堆《さんせいたい》遺跡から出土しています。日本でも福岡県今川遺跡から青銅製の銅剣が出土していますが、これは青銅を再加工したもので、もう少し古い時代にすでに青銅器が用いられていたことがわかります。

朝鮮半島でも忠清南道《ちゅうせいなんどう》松菊里《しょうきくり》遺跡などから同時期の青銅器が出土しており、中国、朝鮮半島、日本は、ほぼ同時期に青銅器を用いるようになっていたことがうかがえます。

ところが、同じく三千年前に、日本では弥生式土器がつくられています。そして弥生式土器を焼く温度が実現できたことで、鉄の鍛造ができるようになるのです。

実際、福岡県糸島市にある曲《まが》り田《た》遺跡からは、およそ三千年前の鍛造された板状鉄器が出土しています。また西日本を中心に広く行われていた「たたら製鉄」は、いつはじまったのかわからないくらい古い時代から続くものです。ヤマタノオロチで有名な奥出雲の鳥上村も、もともとたたら製鉄で発達した村でした。要するにわが国では、いつはじまったのかわからないくらい古い時代から鉄器が使われ、現に三千年前の鉄器が出土しているわけです。

ちなみに現代の学会では、日本の文明文化はすべて中国からもたらされたという前提に立っているため、曲り田遺跡の鉄器も「年代の特定が困難」という理由で、年代不明という扱いになっているのですが、前提となる「中国からもたらされた」ではなく、日本から中国に広がったと、ルートを逆にして考えると辻褄《つじつま》が合ってきます。歴史は過去の事実を合理的かつ論理的にストーリー化する学問ですから、もっと柔軟な見方があってもよいように思います。

さて、日本で古い時代から使われた鉄器ですが、わが国にはもともと武器を使って殺し合うという文化がないため、鉄器も、農具や木の加工具として使用されていました。

ところが同じ時代の中国は、まさに戦乱の時代です。朝鮮半島に成立した箕子《きし》朝鮮が、中国で敗れた燕《えん》が築いた王朝であること、その燕も漢によって滅ぼされます。そんな大陸と陸続きの朝鮮半島の、南部は倭国の直轄地《ちょっかつち》であったわけです。当然、ろくでもない敗残兵などが流れてくる。すると装飾性の高い食器などは、乱暴に遭ったらすべて破壊されてしまいます。女性たちも縄文由来の装飾的なファッションを楽しんでいれば襲われてしまいます。

このため弥生時代になると、高温処理した薄手の食器が生まれるという利点がありながら、食器類から装飾性が失われ、また服装も男女同じ、しかも何の装飾もない衣類が用いられるようになりました。弥生時代は、大陸や朝鮮半島から高い文化がもたらされたどころか、悪人たちが入り込み、倭人たちが身を護《まも》るために武装し、衣類や什器《じゅうき》も簡素なものにせざるをえなくなった、つまり明らかに貧しい生活になった時代であったわけです。

また、武器を手にすれば、人から食べ物などを奪うことができるようになります。そんな時代に登場されたのが、初代神武《じんむ》天皇でした。

民の生活を第一に国をひらかれた神武天皇

神武天皇の時代は、弥生時代のはじめ頃になります。この頃、畿内に長髄彦《ながすねひこ》（古事記では那賀須泥毘古）という人物があり、武器を用いて畿内の庶民の生活を奪っているとの情報が、九州の宮崎に住まわれていた神武天皇のもとに、塩土老翁《しほつちのおきな》からもたらされます。「なんとかしなければならない」と思い立たれた神武天皇は、兄たちとともに畿内に向かわれます。そして長髄彦と話し合おうとしたところ、いきなり矢を射掛けられてしまいます。この事件で兄の五瀬命《いつせのみこと》が矢傷がもとで亡くなられてしまう。神武天皇は、そのまま紀伊半島を南下して避難しようとするのですが、たちまち神罰が下り、船は遭難、次兄三兄の稲飯命《いないのみこと》と三毛入野命《みけいりののみこと》も、相次いで亡くなってしまう。

このとき、神々は高倉下《たかくらじ》を遣《つか》わし、神武天皇に韴霊《ふつのみたま》という神剣を授けます。剣は戦い攻めるための道具です。御神意は断固戦えというものであると見た神武天皇は、畿内で苦しめられている人々を糾合《きゅうごう》し、大決戦の末、長髄彦を捕縛し、「お前はなぜ暴力をふるうのか。民こそが神々の宝ではないのか」と、心を改めるように説得をします。けれど頑固に逆らう長髄彦に、やむをえず神武天皇はこれを斬って捨て、あらためて橿原《かしはら》の地に都を定めて日本建国の詔《みことのり》を発せられます。その日本建国の詔です。

建国の詔

自我東征
於茲六年矣
頼以皇天之威
凶徒就戮
雖辺土未清
余妖尚梗
而中洲之地無復風塵
誠宜恢廓皇都
規摹大壮
而今運屬屯蒙

われひむかしを　うちてより
ここにむとせに　なりにたり
すめらきあめの　いをたのみ
あたうつために　おもむかむ
ほとりのくには　きよまらず
のこるわざわひ　ふさげども
うちつくにには　さわぎなし
まごころこめて　おほいなる
ひらきひろめる　みやこをつくる
いまはこびたる　わかきくら

民心朴素
巣棲穴住習俗惟常
夫大人立制
義必随時
苟有利民
何妨聖造
且當披拂山林
経営宮室
而恭臨宝位
以鎮元元
上則答乾霊
授国之徳
下則弘皇孫
養正之心
然後兼六合

たみのこころは　すなほにて
あなをすとして　すむあるも
ひじりののりを　そこにたて
つねにことわり　したがへば
いみじきたみに　りのあるに
ひじりのわざに　さまたげもなし
やまやはやしを　はらひては
みややむろやを　をさめつつ
たからのくらひ　つつしみて
おほきもとひを　もってしずまん
かみはすなはち　そらのかみ
さずけたまひし　とくのくに
しもにやしなふ　すめみまの
ただしきこころ　やしなはむ
しかるのちには　むつあわせ

以開都掩八紘　　みやこひらきて　はちこうを
而為宇　　　　おほひていへと　なしゆかむ
不亦可乎観夫　またよからずや　それみるは
畝傍山東南　　うねひのやまの　たつみかた
橿原地者蓋国之墺区乎　かしはらのちは　くにのなか
可治之　　　　このちにおひて　くにしらしまむ

現代語に訳すと次のようになります。

「神武天皇の建国の詔」現代語訳

私が東に向かって正しいことを行う旅に出て、早や六年をへた。神々の「民こそが宝」とする意思を信じ、凶徒（わるもの）を倒すために努力と行動を重ねてきた。まだまだ周辺には、調伏《ちょうぶく》できていない人々もいる、いろいろな障害もあるが、すくなくとも、私が管理している国の中においては、もはや騒動はない。
そこで真心を込めて、おおいなる「みやこ」をつくることにした。

こうして新しく出来た米蔵に、いま若者たちが次々とお米を運び込んでいる。庶民の心はたいへん素直である。

まだまだ稲作を拒否して、竪穴《たてあな》式住居に住んで狩猟採集生活を送っている者もある。けれど大人《おとな》として、聖なる制度を立て、常に神々の正しい道に従うことは、そのまま庶民の利益となる。庶民のために政治を行おうとすることを妨《さまた》げることは誰にもできぬ。

山や林を拓《ひら》いて、宮や室《むろ》を治め、宝の位にのぼり、大本からもともと正しいことをもって鎮《しず》めていこう。

わが国は、もともと天の神様から授かった徳の国である。だから未来永劫、正しい心を養っていく。

そして天と地と東西南北の四方をひとつにする「みやこ」を開き、四方八方をひとつの大きな屋根でおおうように、皆《みな》をひとつの家族にしていこう。

畝傍山《うねびやま》の東南にある橿原の地は、国の中心である。この地において、国をシラス国にする。

ひとつ屋根の下に暮らす家族のように

「神々の『民こそが宝』とする意思」とは、原文が「皇天之威《すめらきあめのい》」で、天照大御神《あまてらすおほみかみ》の御威光《ごいこう》を意味します。天照大御神のいらっしゃる高天原は、住民はすべて神々（八百万の神々）です。その高天原と同じ統治をしなさいと言われて、ニニギノミコトが地上に降臨されました。

つまり、地上の人々もまた、ひとりひとりが神として尊重される、そういう社会を築きなさいという意味です。では凶徒《わるもの》とは誰かといえば、それは「民から収奪をして自己の贅沢にふける者」となります。庶民が神々と同じなのですから、民から収奪し、庶民を苦しめる者は、すなわち凶徒なのです。

「真心を込めて、おおいなる『みやこ』をつくろう」とありますが、ここでいう「みやこ」は、現代用語の「都」とは異なります。古語で「み」は「御」であり、「や」は「屋根」のこと、「こ」は米倉《こめぐら》を意味します。

神武天皇は、九州の宮崎を出発して畿内に入るまでの間、およそ五年をかけて広島や岡山、瀬戸内の人々に稲作の指導をされています。狩猟採集生活から、稲作を兼業するように指導したのです。冷蔵庫がなかった時代に唯一、二十年単位での長期の保存ができる食料は米だけです。その米を中央の「みやこ」、すなわち食料庫に備蓄《びちく》することで、天然の災害などによって食糧危機に陥《おちい》った諸国に、食糧支援をする。そのための中央の「みやこ」です。こうして貯えた米によって、日本全国の人々が、ひとつ屋根の下に暮らす家族となって、互いに助け合って生きていこう、というのが、この建国の詔の根幹になります。

「大本からもともと正しいこと」という記述も大切なところです。伊勢神宮では、これを「元々本々《もともとをもととす》」と言って、いまでも大切な言葉としています。一般に、何が大切なのかということや、人々の価値観は、時代時代のニーズや思想によって変化するものと言われますが、「それは違う」というのです。大本からもともと正しいことをもって、正しいとするのです。ここに価値観があります。何々主義とかいう以前に、人は食べて生きていかなければならない。人と人とは争うのではなく、互いに慈《いつく》しまなければならない。そんな大昔からの基本中の基本にこそ、核心的価値があるというのが、「元々本々」の意味です。

神武天皇の建国の詔は、我が国の出発点になった詔です。世界中にはさまざまな国がありますが、どこのどんな国においても、自分たちの国が、いつどうして出来たのか、そしてどのような理想を掲げて建国されたのかを学校で必ず教えます。世界でただ一国、世界で最も古い歴史をもつ我が国だけが、建国の歴史を学校で教えません。これはたいへんもったいないことです。

仁徳天皇による六年の無税――民のかまどの物語

第十六代仁徳《にんとく》天皇といえば「民のかまど」の物語が有名です。

仁徳天皇の四年、天皇は難波高津宮《なにわたかつのみや》から遠くをご覧になられ、

「民のかまどより煙がたちのぼらないのは、貧しくて炊くものがないのではないか。都がこうだから地方はなおひどいことであろう」

と、向こう三年の租税の免除を求められました。

三年経って天皇が三国峠の高台で炊煙が盛んに立つのをご覧になられたとき、天皇はかたわらの皇后に、

「朕《ちん》はすでに富んだ。嬉《よろこ》ばしいことだ」

と仰せになられました。

「おかしなことをおっしゃいますこと。宮垣が崩れ、屋根が破れているのに、どうして富んだといえるのでしょう」

「よく聞けよ。政事《まつりごと》は民を本《もと》としなければならない。その民が富んでいるのだから、朕も富んだことになるのだ」

仁徳天皇はニッコリされて、そうおっしゃった。

天皇のお言葉を聞いた諸侯が、

「皇宮が破れているのに民は富み、いまでは道に物を置き忘れても、拾っていく者すらないくらいです。それでもなお税を納め宮殿を修理させていただかないならば、かえって私たちが天罰を受けてしまいます」

と納税の再開を申し出るも、仁徳天皇は引き続き、さらに三年間税を献ずることをお聞き届けになられませんでした。

こうして六年の歳月が過ぎたとき、やっと天皇は税を課すことと宮殿の修理を御承認されました。そのときの民の様子を日本書紀は次のように活写しています。

民、うながされずして材を運び簣《こ》を負い、

日夜をいとわず力を尽くして争い作る。
いまだ幾ばくを経ずして宮殿ことごとく成りぬ。
故に今に聖帝《ひじりのみかど》と称し奉《たてまつ》る。

民は仁徳天皇に深く感謝し、誰に強制されるわけでもなく誰に促されるわけでもなく、自ら進んで材料を運び、荷物を背負って荒れた皇宮を修理したのです。それも昼夜をいとわず、力を尽くし、まるで争うように競い合って皇宮の修理に当たったと書かれています。このためいくばくもなく皇宮はきれいに直りました。ただ減税してもらってよかったというだけでなく、民もまた報恩感謝の心を忘れなかったのです。それはなぜでしょうか。もちろん、それだけ人々の民度が高かったということもありましょう。けれど、民度が高くなるには、高くなるなりの理由がなければなりません。ではその理由とは。

答えは税制にあります。

中央と地方の協力関係を促した米の備蓄制度

我が国では古代から税はお米で払うという習慣がありました。なぜお米かといえば、お米だけが冷蔵庫のなかった時代に、年単位の備蓄ができる唯一の食料だったからです。

このお米を全国から集めて中央に備蓄し、災害が発生して食糧不足に陥った地域に、そのお米を配布したのです。つまり、災害時には、場合によっては、自分たちが納めた何倍ものお米を返してもらうことができた。つまりこうした税制は、そのまま災害保険的な意味もあわせもっていたのです。

日本は天然の災害の宝庫ですが、大陸の一部地域のように、災害発生によってその地域の人々が全滅の危機に瀕《ひん》するような事態は、あまりありません。言葉は悪いですが、ある程度の緊張感をもち、互いに助け合うことで、なんとか乗り越えられる程度の災害が、頻繁に起こると同時に、日本列島が縦に長い構造をもつために、一部地域が大被害に遭ったとしても、他の地域が無事で、被災地への応援が可能という特殊な国土であるわけです。だからこそ、このようないわば災害保険付き直接税といった制度が発達したのです。

このことは、実際に幾度も中央の備蓄米によって村人全員が救われたといった事態を招きます。すると自然に中央と地方とが協力関係になっていく。日本の古代の高い民度は、こうして育成されていったということができます。

仁徳天皇のご事績は、この「民のカマド」だけにとどまりません。仁徳天皇は、

一、難波の堀江の開削。
二、茨田堤《まんだのつつみ》（大阪府寝屋川市付近）の築造（日本最初の大規模土木事業）。
三、山背の栗隈県《くるくまのあがた》（京都府城陽市西北〜久世郡久御山町）に灌漑用水を築造。
四、茨田屯倉《まむたのみやけ》を設立。
五、和珥池《わにのいけ》（奈良市）を築造。
六、横野堤《よこののつつみ》（大阪市生野区）を築造。
七、灌漑用水として感玖大溝《こむくのおおみぞ》（大阪府南河内郡河南町辺り）を掘削し、広大な田地を開拓されました。

シラス――天皇と民の関係

国家最高の存在を「国家最高権力者とするのではなく、国家最高権威を権力よりも上位に置く」というのが、我が国が古代に開発した、他国に類例のない国の形です。これを古い言葉で「シラス（知らす）」と言います。シラスは、その音がスメルと変化し、スメラミコトとなります。したがって、スメラミコトである天皇は、我が国をシラスご存在です。

権力よりも上位に権威を置くとどうなるのかというと、庶民の立場が変化します。

上にある者が権力者であれば、下にいる庶民は「権力によって支配される者」になります。つまり支配と被支配の関係です。もっといえば、支配者とそれに隷属する者という関係です。別な言い方をすると、所有関係になります。所有者と被所有者の関係ですから、所有される側の庶民は私有民です。つまり所有者から見て、単なる動産になります。庶民は権力者（支配者）の所有物にすぎませんから、殺そうが捨てようが奪おうが、権力者の自由です。

昔の西洋では、国王が国のすべての所有者です。そして国の貴族にとって妻は所有物です。ですから国王が貴族に「お前の妻を俺によこせ」と言ったら、貴族は妻を差し出さなければなりません。なぜなら貴族は国王の所有物だからです。貴族でさえそうなのです。ましてや庶民をやです。

日本では、このようなことがないようにするために、国家最高権力者よりも上位に国家最高権威を置きました。権威ですから、政治権力はもちません。ただし、天皇は、国のすべてを「おほみたから」とすると規程されました。こうなると政治権力者にとって、自分の下にある庶民は、自分の上司である天皇の「たからもの」であり、その「たから」を預かっている、という立場になります。すると権力者の行動は、西洋のように所有者・支配者として振る舞うのではなく、どこまでも天皇の「たから」である庶民が、豊かに安全に安心して暮らせるようにすることが使命となります。これが「シラス」の形です。

第二章

奈良平安時代の庶民の姿

一　世界を意識した時代の「理想」

日本書紀編纂の背景

『古事記』は太安万侶《おおのやすまろ》が稗田阿礼《ひえだのあれ》の口述を書記し、和銅五年（七一二年）に元明《げんめい》天皇に献上されたと、その序文に書かれています。

『日本書紀』は、舎人親王《とねりしんのう》らが養老四年（七二〇年）元正《げんしょう》天皇に献上されたことが、八世紀末に完成した『続日本紀《しょくにほんぎ》』に我が国の公式な記録として残っています。

そして『日本書紀』は献上の翌年から中央貴族の子女の教科書として用いられるようになり、その子らが成人して全国に国司となって散り、諸国の豪族の子女等に教育を授けるための教科書として用いられることで、我が国の国史としてその内容が、我が国の国柄を形成する大役を担うようになっていきました。

両者とも、書かれた発端となったのは天武天皇十年（六八一年）の天武天皇の詔《みことのり》とされていますから、そうすると古事記は完成までに三十一年、日本書紀は三十九年という途方もない歳月をかけて、丁寧に編纂《へんさん》が進められたことになります。

日本は万年の単位で続く、たいへん歴史の長い国です。それだけに、もともとはひとつの家系であっても、全国に散らばって、それぞれの地で根をおろして数百年、数千年が経過すれば、長い歴史も全国の豪族ごとに、その内容や記述の順番、神々のお名前等に関する記録が、それぞれに違いが出てくるのは、ある意味当然のことです。そうして（元はひとつでも）のちにバラバラになったものを、あらためて統合する、しかもそれらを伝える諸豪族の顔に泥を塗らないようにしながら、なおかつできるだけ正確に歴史を記述するというのですから、それは編纂に時間がかかるのが当然であったということができます。

その成立までの背景をみると、なぜ『日本書紀』が編纂されるに至ったのかがよくわかります。

教育と文化によって国をまとめる

七世紀のはじめに中国に唐が成立しました。唐は超軍事大国で、周囲の国を次々に征服していきました。中でもいまの北朝鮮のあたりにあった高句麗《こうくり》対策は、唐にとってたいへん重要な意味をもちました。なぜなら高句麗もまた軍事強国で、唐の前の王朝であった隋は、高句麗との度重なる戦闘のために国力が疲弊して滅んでいるからです。

そこで唐が行った戦法が「遠交近攻戦略」です。唐から見て高句麗の向こう側にある国と手を結び、高句麗を挟み撃ちにするという、仕込みに何年もかかる大戦略です。唐はこの戦略によって、五十年の歳月をかけて高句麗を滅ぼしています。このとき唐が、高句麗の向こう側の国として選んだのが新羅《しらぎ》でした。その過程で、高句麗は新羅王と結び、大軍を送り込んで隣の百済《くだら》を滅ぼしました。

その百済の王子は、その頃倭国《わこく》にいました。故郷の国を滅ぼされた王子（豊璋王《ほうしょうおう》）は、大和朝廷に懇願し、祖国百済の復興支援を願い出ました。倭国はこれを承認し、半島に百済救援軍として、およそ四万の兵を送りました。

しかし三年戦ってわかったことは、戦っているのはいつも唐の軍と倭国軍だけです。本来なら新羅と百済の戦いであって、唐も倭国もその援助にすぎないはずなのに、これでは本末転倒です。

そこで倭国は唐軍の将軍と話し合い、六六三年十月、戦線をかなり南方に下げた白村江《はくすきのえ》から、全軍を撤退させることにしました。そこから船に乗り、武装も解いて、さあ帰ろうとしたときに、唐の急襲を受けて倭国の船に火矢が射かけられました。このとき倭国軍は、およそ一万の将兵を失っています。日本の人口が、まだ六〇〇万人くらいだった時代のことです。一万人の若者の損害というのは、現代に直したら二〇〇万人以上が虐殺されたようなものです。

唐は、その後も日本本土上陸を伺いました。このことは結果としては、その後の唐がベトナムにあった越の国との戦いに向かったことで実現しませんでしたが、日本は本当に危機にあったのです。

そこで登場するのが、天智天皇の娘であり、天武天皇の正妻であられた持統《じとう》天皇です。持統天皇は、のちに史書となる『日本書紀』と、精神的基盤となる日本文化の育成のための『万葉集』の編纂《へんさん》をお進めになられました。世界が、いまだ征服と征圧でしか国をまとめる方法をもたなかった時代に、女性の天皇であられる持統天皇は、軍事ではなく「教育と文化」によって、国をひとつにまとめようとされたのです。世界がまだ力による支配しかノウハウをもっていなかった時代に、まさに偉大な事業であったということができます。

こうして生まれた『日本書紀』には、持統天皇の理想が見事に詰め込まれました。そのひとつが、本書の「はじめに」に書いた「豈国《あにくに》」です。我が国の目標を「よろこびあふれる楽しい国」とされたのです。

さらに初代天皇を神武天皇（日本書紀では神日本磐余彦尊《かむやまといはれひこのみこと》）と定め、我が国が天照大御神様から授かった稲穂をもとに、災害対策のために全国で互いに助け合って生きることを国の柱にすることが『日本書紀』を通底して語られました。

次いで崇神《すじん》天皇の御世に我が国は疫病を克服し、神社のネットワークによって全国津々浦々が結ばれた国となったこと。仁徳天皇の御世に大規模な土地の開墾をすることで、我が国が東亜最大の超大国となったこと、雄略天皇の御世に国内の悪者たちが一掃されたこと、推古天皇の御世に十七条憲法が出されて何事も上下心をひとつにして話し合って大事なことを決める国柄が啓《ひら》かれたことなどが語られ、それらが我が国の国柄となっていったのです。

二　神社を中心に整備された全国津々浦々の情報ネットワーク

明治時代まで日本で刑法が定まらなかった理由

『令集解《りょうのしゅうげ》』という九世紀中頃に編纂された養老令の注釈書があります。養老律令《ようろうりつりょう》の「令《りょう》」の部分だけを記した書です。全部で五十巻あり、そのうち三十六巻が現存しています。律令というのは、刑法である「律」と、民法である「令」を合わせた言葉です。我が国では古代にこうした法制度が研究され、実際につくられ、運用されていながら、ついに明治時代に入るまで、刑法を意味する「律」が完成することはありませんでした。

これは大変なことで、世界において法制度は、「目には目を、歯には歯を」で有名なハムラビ法典以降、どこでも先に確立させた法は、刑法です。ところが我が国では逆だというのです。なぜでしょうか。

答えは二つあります。ひとつは民度、もうひとつは責任性の問題です。

民度というのは、人々の生活意識のことをいいます。盗まない、姦淫《かんいん》しないなど、いちいち法律をつくらなくても、そのようなことをする人がいなかったなら、国が刑法をつくる必要がなかったというのが、理由のその一。刑法そのものが不要になります。

ただ、そうは言っても、実際には程度の差こそあれ、人を騙《だま》したり、物を盗んだり、殺したり、暴力を振るったりする人は、皆無ではなかったはずです。実際に刑罰に処せられた人もいます。なのにどうして刑法が完成しなかったかというと、責任性の問題があります。

たとえばAがBを殺すという事件が起きたとします。刑法が裁くのは、下手人《げしゅにん》（加害者のこと）であるAです。けれど、それだけでよいのでしょうか。

たとえば以前、川崎市で中一児童殺害事件がありました。もし同じような事件が江戸時代に起きたなら、川崎の町奉行は切腹です。自《みずか》ら腹を斬《き》ればよし、お家は安泰となり、息子さんが跡を継いで次の奉行となります。けれど、自ら腹を斬らず、犯人を逮捕しなければならないからと、もたもたと切腹を引き伸ばしていたら、江戸《えど》表《おもて》から使いがやって来て、「上意《じょうい》でござる。腹を召《め》されよ」となります。この場合は、お上の手を煩《わずら》わせたという意味で、奉行の家はお取りつぶし。妻子も両親も、その日から露頭に迷うことになります。

事件を未然に防ぐ責任を負っていた町奉行

なぜそのようなことになっていたのかといえば、まず、川崎の町方《まちかた》の治安に、一切の責任をもっていたのは川崎の町奉行です。町奉行は管轄内でそのような悲惨な事件や事故が起こらないようにするために、ありとあらゆる権限をもっています。それだけの権限を与えられながら事件が起きたのなら、その責任は誰にあるのでしょうか。

権力権限と責任は車の両輪で常にセットです。どちらか一方だけということはありません。「犯人逮捕を優先するため」も、奉行の切腹拒否の理由にはなりません。なぜなら犯人逮捕は、奉行所の与力《よりき》や同心《どうしん》たちの仕事であって、奉行の仕事ではないからです。

事件や事故が起これば、不幸なのは被害者だけではありません。遺《のこ》された被害者の家族の悲しみ、加害者の家族の悲しみ、関係者すべてにとって事件は不幸を呼びます。それならば何をしたらよいのでしょうか。

答えは事件や事故を未然に防ぐ。そこにあります。起きてからでは遅いのです。起きる前に、起こらぬようにあらゆる手を尽くすのが奉行所の仕事です。だから、責任と権力権限は、常に一体なのです。

明治以降、我が国は西洋の刑法システムを導入しました。その刑法には第一条に「この法律は、日本国内において罪を犯したすべての者に適用する」と書かれています。つまり罪を犯した者だけを対象としています。しかし、川崎の例でいうなら、処罰すべきは、本当に加害者だけなのか。加害者が加害者となった背景にある人々、また川崎の治安を預かりながら、事件を未然に防ぐことができなかった人たちに、一切の責任はないのでしょうか。それが刑法と言えるのでしょうか。

現代刑法では、条文に書いてあるかどうかによって、刑法上の罪に問われるかが決定します。これを構成要件該当性と言います。しかし書かれていることに沿っていることが罪の要件とするならば、書かれていないことなら何をやってもよいことになります。あるいはたとえ書かれていても、見つからなければ、捕《つか》まらなければ罪に問われることはない、つまり何をやってもよいことになってしまいます。これでは刑法を定めることで、逆に悪事を増やし、のさばらせることになってしまいます。このように考えられてきたから、我が国ではついぞ刑法が定まらなかったのです。

令集解に活き活きと描かれた人々の暮らし

その『令集解』に『古記』という、いまから一三〇〇年くらい前の七三八年頃に成立した大宝令《たいほうりょう》の注釈書が断片的に引用されています。その『古記』の中に、古い文献の引用として、「一云《あるにいわく》」という節が多数引用されています。なんだか複雑ですが、『令集解』の中に『古記』が引用されていて、その『古記』が、さらにもっと古い文献を引用していて、それが「一云」として『令集解』に書かれているというわけです。

その「一云」として引用された文献の名前は伝わっていないのですが、これが実におもしろい史料で、七〜八世紀頃の日本の庶民の生活の模様が活き活きと描かれています。貴族や重鎮に関する記録や、大きな事件や事故などに関する記録というのは、特筆されるから遺《のこ》りやすいのですが、庶民の生活は記録されず、その様子を知ることは困難です。ところがここに、まさにその庶民の生活が活写されているのです。

ではどのように記されているのか。原文は漢文ですので、思いきってねず式で現代語に訳してみます。

日本国内の諸国には、村ごとに神社があります。その神社には、社官がいます。人々はその社官のことを「社首」と呼んでいます。

村人たちがさまざまな用事で他の土地に出かけるときは、道中の無事を祈って神社にお供え物をします。あるいは収穫時には、各家の収穫高に応じて、初穂を神社の神様に捧げます。神社の社首は、そうして捧げられた供物《くもつ》を元手として、稲や種を村人に貸付け、その利息を取ります。

春の豊年満作を祈るお祭りのときには、村人たちはあらかじめお酒を用意します。お祭りの当日になると、神様に捧げるための食べ物と、参加者たちみんなのための食事を、みんなで用意します。そして老若男女を問わず、村人たち全員が神社に集まり、神様にお祈りを捧げたあと、社首がおもおもしく国家の法を、みんなに知らせます。

そのあと、みんなで宴会をします。宴会のときは、家格や貧富の別にかかわりなく、ただ年齢順に席を定め、若者たちが給仕をします。このようなお祭りは、豊年満作を祈る春のお祭りと、収穫に感謝する秋のお祭りのときに行われます。

備蓄米を神様に守っていただく

これが、いまから一三〇〇年前の、日本の庶民の姿です。まだ渡来仏教が、一般庶民への布教が禁じられていた時代のことで、庶民のもとには神社しかなかった時代の様子です。収穫時に各家の収穫高に応じて初穂《はつほ》（その年の最初に収穫した稲穂）を神社に奉納し、神社は捧げられた供物を元手として、稲や種を村人に貸付ける、という記述がありますが、古い神社ではいまでも当時の習慣がそのまま残っています。

少し詳しく解説しますと、収穫期に採れたお米の一部（おおむね二〜三割）を神社に奉納します。神社は、これを二年分保管し、その玄米を用いて境内の苗代《なわしろ》で苗を育て、その苗を用いて、各農家で田植えをします。

二年分のお米を蓄えるのは、そもそも稲作の大きな目的がそれで、狩猟採集生活では、食料の備蓄がむずかしいのです。ところがお米は長期間の備蓄が可能です。日本は自然災害の多い国ですから、万一に備えて、みんなが飢えることがないように、お米を備蓄したのです。

神社は戦後になって宗教法人法に組み入れられて、「神社は神社のもの」になってしまいましたが、もともと神社は近隣の人たちの共有財産でした。近所の神社のことを氏神様《うじがみさま》といいますが、血縁関係の濃い人々が集う村々にあって、村ごとの神様が氏神様です。その共有財産である神社に、いざというときの備蓄米を保管したわけです。

ですからほとんどの神社は水害に遭いにくい小高い丘や山の上にあり、地震や台風にも強い地盤の上に建てられています。建物も通風がよくてお米の保管がしやすい高床式の建築になっています。そこにいざというときのためのお米を備蓄したわけです。大切な備蓄米は神様に守っていただくのが一番と考えられたからです。

職業身分地位男女の隔てなく行われた直会の席

その神社には、村のみんなが月に一度は集まって、中央からの指示を聴いたり、神語りなどの勉強を宮司《ぐうじ》さんにしていただいたり、お神楽《かぐら》を呼んでみんなで楽しんだりしていました。このあとに行われたのが「直会《なおらい》」です。直会は、いまでいう懇親会です。

その直会の際の席順ですが、「一二云《あるにいはく》」は、「家格や貧富の別にかかわりなく、ただ年齢順に席を定めた」と書いています。社会的身分や、貧富の別なく、そこでは、ただ年齢順なのです。

席順というのは、これも古代からの伝統で、出入り口からもっとも遠いところが上座《かみざ》です。出入り口に近いところが下座《しもざ》になります。誰が上座に座り、席順をどうするかは（失礼があってはならないので）重要な問題ですが、我が国の村々ではこれを、男女の区別さえもなしで「オール単純年齢順」にしていたわけです。

村の中には、商売で成功してお金持ちになっている人もいるでしょうし、中央から何らかの役職を与えられた人（たとえば江戸時代ですと村の農家から藩の御家老が誕生することもありました）もあったことでしょう。習いごとのお師匠《ししょう》さんなどもいたことでしょう。もちろん名主さん（のちの庄屋さん）のような地主さんもいますし、いわゆる水呑み百姓さんもいるわけです。生まれたときから障害をもった人も中にはいたことでしょう。そうしたあらゆる職業身分地位などを一切無視して、村の直会は「単純年齢順」だったと「一云」は書いているわけです。

このように書くと、すごいことのようですが、いまでもお盆などで、田舎の実家に親戚一同が集まれば身分や社会的地位や男女区分など一切関係なしに、たいていの場合、席次は単純年齢順です。つまり、いまでも千年以上前から続く習慣が、日本ではちゃんと受け継がれているのです。

世界中、どこの国においても、宴席であろうがなかろうが、席次は身分や力関係によります。ところが古くからの日本社会では、男女、身分、貧富の別なく、単純年齢順です。このことが何を意味しているかというと、日本社会は古くから身分や貧富の差よりも、そこにいる人の存在そのものを重視していたのです。

これと同じことが三世紀の末に成立した『魏志倭人伝』に書かれています。いまから約一八〇〇年前の日本の様子を記したその中に、「その会同《かいどう》・坐起《ざき》には、父子男女の別なし。人性酒を嗜《たしな》む」とあります。

会同とは、お祭りの際の宴会のことです。宴会の「坐起」、つまり席順は「父子男女の別なし」とあります。身分の上下や貧富の差や男女の別なく、みんなで酒を楽しんでいた、と書かれているわけです。

たった三日で中央の情報が国の隅々へ伝わる

もうひとつ重要なポイントがあります。「一云」に、村人たち全員が集まった祭事のときに、「社首がおもおもしく国の法を、みんなに知らせていた」というくだりです。この時代、中央で新たな元号が定められると、おおむね三日で日本全国津々浦々まで、共通の暦が浸透したといわれています。テレビなどのメディアがなかった時代に、どうしてこのようなことができたのかというと、実はとても簡単な理屈です。

ひとりが十人に話をし、その十人のそれぞれが十人に話を伝える。当時の人口はおよそ五〇〇万人ですが、これを六回繰り返すと、日本全国津々浦々、全国民共通の情報となります。ちなみに、これを十人ではなく四十四人で同じことを繰り返すと、同じ回数で七十億になり、世界中の人々に同じ情報を共有できることになります。いわゆる口コミ効果のすごみですが、古代の日本では、全国の神社がネットワーク化されていたために、このようなことが可能になっていたのです。

そういう社会インフラが古い時代から整っていたからこそ、日本は早くから大和朝廷としての国家建設を成し遂げることができたのです。

律令制というと、国司が中央から派遣されて云々とそればかりが強調されますが、たとえば相模《さがみ》の国の国司なら、いまでいう神奈川県全域に、たったひとりの派遣です。民間の隅々にまでひとりで行政を示達することはおよそ不可能なことは、考えるまでもなくわかることです。ちゃんと神社のネットワークが用いられていたことも、学ぶ必要があることです。

役場や農協の役割を担った神社

また、「一云」《あるにいはく》にある「神社の社首は、そうして捧げられた供物を元手として、稲や種を村人に貸付け、その利息を取ります」という記述は、わかりやすくいえば、いまの農協がやっていることです。つまり古い時代の日本では、神社が役場や農協の役割を担っていたのです。

『魏志倭人伝』に書かれている三世紀初頭の日本は、弥生時代の終わり頃にあたります。その弥生時代を担った人々は、縄文時代の日本人と同じ日本人です。その日本人が、大和朝廷を築き、飛鳥《あすか》、奈良、平安、鎌倉、室町、江戸、明治、大正、昭和、平成を経て、令和のいまの世に生きています。そしてその間、日本の歴史は、断絶することなくつながっています。

そうした日本の歴史において、村落共同体や神社のもっていた役割、あるいは祭事のもっていた役割は、とても大きなものであったのです。そして、そういう社会基盤があったからこそ、日本は歴史がつながっているのです。

『魏志倭人伝』には、ほかにも「盗窃せず、諍訟《そうしょう》少なし」とあります。日本人は盗みをはたらかず、争いごとも少ないというのです。日本社会は、人であることを重視してきた社会です。だからこそ、盗みや争いごとをするような者のことを、「人でなし」と呼んだのです。人であることを大切にした社会であるからこそ、最大の侮辱の言葉は「人でなし」だったのです。

三　奈良の大仏に寄進をした庶民の活力と経済力

庶民の間に広がった仏教

第四十五代 聖武《しょうむ》天皇（七〇一〜七五六）は、仏教を庶民の間にまで広げることをお認めになられた天皇です。それまでは渡来仏教はあくまで国家鎮護《ちんご》のために国が保護するもので、一般庶民への布教は禁止されていました。理由は明快です。それまで我が国の中央朝廷のさまざまな施策は、すべて神社のネットワークを通じて行われていました。一般庶民が仏教に帰依《きえ》して神道を捨ててしまったら、国家の基盤が崩壊してしまう危険があったからです。

ではなぜ聖武天皇は仏教を庶民に開放することを認められたのでしょうか。一般には、仏僧である行基《ぎょうき》がご禁制を破って勝手に仏教の民間布教を行ってしまい、後追いで聖武天皇が行基と和解したというように説明されています。しかし本当にそれだけなのでしょうか。

聖武天皇の母は、藤原不比等《ふじわらのふひと》の娘の宮子です。けれど子を産んだあと心的障害に陥り、聖武天皇が三十七歳になるまで我が子との対面もされなかったといわれています。これはとっても不条理な、悲しい出来事です。

相次ぐ天変地異や疫病に心痛められた聖武天皇

聖武天皇の時代が「天平時代《てんぴょうじだい》」です。天平年間は、名前こそ「天の平らかなる時代」ですけれど、たいへんな波乱の時代でした。聖武天皇が即位された神亀元年（七二四年）には奥州で反乱が起き、さらに全国各地で天変地異が相次ぎました。

聖武天皇は事態をなんとかしたいと、願いが叶うという仏教に深く帰依されました。翌年一月には、厄災を取り除こうと六〇〇人の僧侶たちを宮中に招いて般若経《はんにゃきょう》を唱《とな》えてもらい、さらに九月には、お公家さんたち三千人を出家させて僧侶にしています。

ところがそれだけの信仰を貫《つらぬ》かれたにもかかわらず、神亀五年（七二八年）には聖武天皇の、たったひとりの皇太子が薨去《こうきょ》されてしまう。しかもその六日後には、宮中に隕石《いんせき》が落ちるという大凶事が起きました。

天平四年（七三二年）には日本中が旱魃《かんばつ》に襲われ、翌年には関西地方を阪神淡路大震災級の大地震が襲っています。

相次ぐ天変地異や不幸に、聖武天皇は天平六年（七三四年）には、ますます仏教への傾斜を強くされ、一切経《いっさいきょう》の書写を国家事業とすることを決められるとともに、天平八年（七三六年）には、遠くインドやベトナムからも高僧を招き入れられました。

ところがその結果は、翌年の太宰府における疱瘡《ほうそう》の大流行です。天平九年（七三七年）には、疱瘡は都にまで広がり、朝廷の高官たちの大半が倒れ、亡くなっていきました。

聖武天皇はさらに仏教への信心を厚くされ、天平十二年（七四〇年）に、奈良に大仏を建立《こんりゅう》する発願《ほつがん》を行われます（勅願は七四三年）。こうして生まれたのが、いまに残る奈良の大仏です。


奈良の大仏の建立にあたって聖武天皇が出された「盧舎那大仏《るしゃなだいぶつ》建立の詔《みことのり》」には、次のようなことが書かれています。

「徒《いたず》らに民に労苦を強いてはいけない」

「この大仏建立事業が憎しみを産み、罪をつくり出すことがあってはならない」
「この事業に参加する者は心からの至誠をもって大きな幸いを招くよう盧舎那仏を敬い、自らの意思で造立に従事せよ」
「一枝の草や一握りの土であっても捧げて、造立の助けたらんことを願う者があれば、その望み通りに受け入れよ」
「国司や郡司は造立の名の元に公民の暮らしに立ち入ったり、強いて物を供出させてはならない」

また、東大寺に残る過去帳によれば、大仏建立のために寄進等を行った者は、当時二六〇万人もいたといわれています。大仏および大仏殿の建立に向けて、非常に多くの人々が協力したのです。教科書で習うこととまったく違う庶民の風景が読み取れます。

そしてこの過程で行われたことが、行基《ぎょうき》との和解です。行基は、朝廷の禁を破って、勝手に庶民に仏教を説き広めていた僧です。なにしろ仏教は天子様が信仰してらっしゃる教えです。しかも神道なら「願いが叶う叶わないは、あなた自信の努力次第」としかいわないのに、仏教は「信仰すればあなたの願いはすべて叶う」というのです。庶民が飛びつかないわけがありません。

これを庶民に説いた行基は、庶民のヒーローとなりました。けれど行基は、ご禁制を破っている「お尋ね者」でした。そのお尋ね者を聖武天皇は、正式に「日本初の大僧正」として起用し、さらに行基に奈良の大仏建立の実質的な責任者を命じられたのです。

ここで仏教そのものについて議論する気はありません。たいせつなことは、天平時代に仏教が国営化されたこと、そして相次ぐ不幸が日本を襲ったことから、その鎮撫《ちんぶ》のために、壮大な仏教建築や大仏建立、そして絵画や彫刻など、さまざまな分野で、仏教を基礎にした芸術、文化が花開いたこと、そして庶民の間に広く仏教が広まったという事実です。

四　万葉集から八世紀頃の女性の教養の高さ

遊行女婦《うかれめ》が詠んだ見事な和歌

天平二年（七三〇年）十二月に、太宰府の長官だった大伴旅人《おおとものたびと》は、大納言兼任の辞令を受けるために、京の都へと旅立つことになりました。部下の供人《ともびと》たちを従えて、太宰府の門を出てしばらく進んだとき、伴の者が大伴旅人に言いました。

「殿、実は先ほど、太宰府の門のところで遊行女婦《うかれめ》の児嶋《こじま》から歌を預かりました」

「どれ、見せてみよ」

「はい、こちらでございます」

見ると、とてもきれいな字で木簡《もっかん》に、

凡《おほ》ならば　左《さ》も右《う》もせむを恐《かしこ》みと　振《ふ》りたき袖《そで》を忍《しの》びてあるかも

（凡有者左毛右毛将為乎恐跡振痛袖乎忍而有香聞）

やまと道は雲《くも》に隠《かく》れり然《しか》れども　余《あ》が振《ふ》る袖《そで》を　無礼《むれ》とおもふな

（倭道者雲隠有雖然余振袖乎無礼登母布奈）

と二つの和歌が書き記してありました。意訳すると次のような意味になります。

「もし私が遊行女婦ではなくて普通の女なら、思い切り袖を左右に振って、それはとても畏《おそ》れおおいことですけれど、痛いほど袖を振りたいところです。でもそれをじっとこらえています」

「大伴旅人様の都《みやこ》への道が、雲に隠れた遠くまで続いているのだとしても、私が振る袖を決して無礼などと思わず、どうかご無事でお帰りくださいませ」

見事な和歌です。大伴旅人は水城《みずき》のところで行列を停《と》めさせました。振り返ると、まだ大宰府の正門前で大勢が見送っていいます。その中に児嶋が泣いて手を振る姿もありました。

「木簡と筆をこれへ」
「は、こちらでございます」
大伴旅人は馬を降りると、その木簡に、二首の和歌を書きつけ、それを児嶋に届けるように部下に命じました。

日本道《やまとち》の吉備《きび》の児嶋《こじま》を過《す》ぎ行《ゆ》かば　筑紫《つくし》の子嶋　念《おもほ》ゆかも
(日本道乃吉備乃児嶋乎過而行者筑紫乃子嶋所念香裳)

太夫《ますらを》と念《おも》へる吾《われ》や　水茎《みずくき》の　水城《みずき》の上に涙《なみだのご》拭はむ
(大夫跡念在吾哉水茎之水城之上尓泣将拭)

意味は次のようになります。
「別れは惜しいが旅立ちは日本男児の行く道です。そういえば、旅の途中で吉備の国の児嶋郡を通ります。そのときはきっと、この筑紫で小さな肩を震わせて泣いていた児嶋、おまえのことを心に刻んで思い出すよ」

「私は日頃から男らしくありたいとずっと思ってきました。日本男児は泣くものではないと思い続けてきました。けれどいま、こうして君に歌を返そうと筆を持って水城《みずき》の上に立ちながら、流れる涙を止めることができないでいます」

女性だけに与えられた特権

この和歌のやりとりについて、若い女性の児嶋が「遊行女婦《うかれめ》」であったことから、太宰府の長官だった大伴旅人とねんごろな関係にあったのだとする解釈をしている人もいます。古い和歌ですから、どのように解釈しようがその人の自由ですが、この時代の遊行女婦は、鎮魂や招魂、あるいは雨乞《あまご》いのために、神に捧げる歌舞を行う、神に仕える巫女《みこ》さんのことを言いました。この時代、田んぼや畑で農作業にいそしむことが正業であり、農作業以外のことを「遊行《ゆぎょう》」と呼んだのです。

神に捧げる歌舞は古来女性が行うもので、いまでも神社におけるお神楽は、御祭神に捧げる舞は女性の巫女さんが舞い、その場に集った観客たちに御祭神の業績などを説明するための舞は男性が舞うものと区別されています。古来、神と直接対話ができるのは女性だけに与えられた特権とされてきたからです。

少し詳しく申し上げると、このことは神話に依拠《いきょ》します。天岩戸《あめのいわと》の前で天照大御神《あまてらすおほみかみ》と直接対話できるのは、女性神であられる天宇受売神《あめのうずめのかみ》だけです。だから天の声の受け売りと、お名前の漢字が書かれています。何千年前に行われたかわからないこの神話によって、我が国では以来ずっと、よほどの非常時以外、神様と直接対話できるのは女性の特権とされてきました。このことはお雛様《ひなさま》の飾り付けにもなっていて、最上段は天皇皇后両陛下を意味する男雛女雛《おびなめびな》、次の段には三人官女《さんにんかんじょ》、その下が童子の五人囃子《ごにんばやし》。男性が登場するのは、ようやくその下の段に、最高官位を持つ左大臣と右大臣です。

なるほどこの和歌のやりとりが行われたときの大伴旅人は、最愛の妻を亡くしてまだ日も浅いときでした。もちろん側女《そばめ》を何人おいても構わない時代ではありますが、それでも、私的な理由で旅の行列を停めれば、同行する徒士たちの反感や怒りを買うことになります。もし大伴旅人が、自分の彼女のために行列を停めたとなれば、他の伴の人達だって、妻子と別れて都までの旅のお供をするのです。普通に考えて、自分だけが身分をよいことに私的に彼女とよろしくやっているというのなら、伴人たちは誰もが反感をもちます。

これから都に上る長い旅路です。むしろ一介の、特段の関係もない女性からの真心あふれる歌に、わざわざ行列を停めて、やはり真心を込めて丁寧に歌を返す長官の姿に、伴の人たちは、身分の上下を問わず、ひとりひとりを「おほみたから」として慈《いつく》しむ姿を見て涙したのです。こうした感動があったからこそ、この歌の応酬が一三〇〇年もの長きにわたって人々に愛され続けてきたのです。

神聖な場所で働く「いらつめ」

同じく万葉集から、安倍女郎《あべのいらつめ》の歌をご紹介します。安倍女郎は八世紀はじめの女性という以外、詳しいことはわかっていません。

姓の安倍氏は、もともとはいまの岩手県あたりの豪族の姓です。女郎《いらつめ》は郎女とも書きますが、古代において若い女性に親しみを込めて呼ぶときに用いられた語です。いまでは「郎」という字は太郎など男性にしか用いませんが、この字は座ってくつろいでいる人の象形（阝）と、良い人の意味をもつ「良」を組み合わせた字で、単に「座ってくつろいでいる良い人」を意味します。ですから女郎であれば、「家でくつろいで座っている良い女」という意味になります。

この「女郎」に、昔の人は「いらつめ」という大和言葉を当てました。単に女性を意味するのなら「め」だけで済むところ、あえて「いらつめ」と呼ぶときは、宮中の女官たちや、神聖な社《やしろ》に勤める巫女さんなど、「神聖な場所で働く女性」のことを指したのです。つまり安倍女郎は、安倍氏の一族から朝廷の女性職員である采女《うねめ》に上がった女性、あるいは安倍家か安倍家にゆかりの神社に奉職していた女性と推測できます。

さて、その歌です。

吾《わ》が背子《せこ》は　物な思ひそ　事しあらば　火にも水にも　吾れなけなくに
(吾背子波　物莫念　事之有者　火尓毛水尓母　吾莫七国)

意味は次のようになります。

「私の主人への想いは、火にも水にも勝《まさ》りますわ。まして夫に比べることができる人など、七国探しったって、どこにもいませんわ」

火にも水にもまさる夫への想い

実はこの歌のひとつ前には柿本人麻呂《かきのもとのひとまろ》の妻の歌があって、その歌は「命ある限り君（夫）のことを忘れない」と詠んでいます。続くこの歌も安倍女郎の、やはり夫を愛する妻の歌として掲載されたものです。これはとても素敵なことです。我が国が神話の時代から希求したのは家族国家です。天下万民が、ひとつ屋根の下で暮らす家族のように、互いに慈《いつく》しみ、思いやりの心をもって暮らす国です。家庭も同じです。夫と妻が、互いに尊敬し合い、協力し合って暮らし、子を育てていく。そうした「あたりまえのことが、あたりまえにできる」ことこそが「幸せ」なのです。

この歌では安倍女郎が夫のことを「吾が背子《わせこ》」と呼んでいます。夫は「私が背負ったお荷物よ」というわけです。でもそんな夫は「吾れなけなくに（吾莫七国）」だというのです。意味は「七国探しったって、どこにもいませんわ」です。幸せは、上から降ってきたり、誰かが与えてくれたりするものではなくて、夫婦で協力し合って築いていく。夫も、そうした妻の想いに応えられるだけの男に成長していく。妻の「七国探しったって、どこにもいませんわ」という言葉は、裏を返せば、「七国探しったって、どこにもいないような、そういう夫になってくださいね」という意味も込められているのです。だからこそ、この歌は『吾背子波《あがせこは》』と歌いだしているのです。

古事記において、結婚の事始めは伊耶那岐《いさなき》と伊耶那美《いさなみ》にさかのぼります。二神は淤能碁呂島《おのごろじま》に降り立ち、互いに結婚の意思を確認すると、太い立木を天《あめ》の御柱《みはしら》に見立て、その木を世界をおおう神（八尋《やひろ》の殿《との》）に見立てて、木をめぐっています。

これは神々の前で、男女双方の御魂《みたま》を結ぶ神事で、いまでいう婚礼の儀にあたります。そして神様の前で一度婚礼の儀によって魂を結ぶと、その男女は後日離婚することになっても、平安時代くらいまでは再婚後も、初婚の男性の姓を生涯名乗りました。肉体は離婚に至っても、魂は神様の前ですでに結んでしまっているのですから、あとから変更するわけにいかないと考えられたのです。

そして戦前戦中から戦後しばらくくらいまでは、夫が亡くなると、妻は夫の実家に帰るものとされていました。自分の生家には帰らないのです。なぜかといえば、御魂がすでに嫁いだ先と結ばれているからです。神様とのお約束が、そこまで大切にされたのです。動物のように簡単に付いたり離れたりというわけにはいきません。そして男女ともに、最初から完成された人格の人など、世の中にはありません。だから生涯、夫婦がともに努力し合って、互いを慈しみ、幸せを築いていくことを大事にしたのです。

古代から男女が対等の国

ちなみに夫婦のことを、昔は「めおと」と言いました。これは漢字で書いたら「妻夫《めおと》」です。何ごとも妻が先とされたのです。もう少し言うと、奈良平安の昔から、江戸時代に至るまで、給金というものは、家に支払われるものとされてきました。外で働くのは夫ですけれど、その給金は夫に支払われるのではなく、その家に支払われたのです。その給金（多くの場合はお米）の管理は、内政一切を任せられた妻の仕事とされました。夫は妻から小遣いをもらって酒を飲むというわけです。このような習慣は、大国の中では、世界中どこにもありません。日本では、古代からずっと男女は互いに対等な存在だったのです。

いかがでしょう。八世紀という古い昔の、貴族でもない一般人の女性が、ちゃんと字が書けて和歌も詠《よ》めたのです。その歌も、原文を読めば、すべて漢字で書いてあります。つまり漢字で読み書きができたのです。西洋では十八世紀になっても都市部の識字率は、男女合わせて十パーセント内外でした。まして女性の識字率となれば一パーセントにも満たなかったといわれています。現代でも世界には「女性は文字を覚える必要はない」などとしている国や民族があります。

そんな世界にあって日本では千年以上も昔から、若い女性が和歌を詠み、それを書くことができるだけの教養を備えていたのです。

万葉集には、ほかにも身分の低い一般の女性たちが詠んだ歌がたくさん掲載されています。日本は古い昔から、男女が対等な国だったのです。

五　京都御所の衛士の誇り

神祇官副長官が詠んだ恋の歌？

小倉百人一首の四十九番に大中臣能宣朝臣《おおなかとみよしのぶあそん》の歌があります。

御垣守《みかきもり》　衛士《えじ》のたく火の　夜は燃え　昼は消えつつ　ものをこそ思へ

この歌は一般に次のように解釈されています。

「御垣守のたく篝火《かがりび》のように、私の恋心は夜は燃えるけれども、昼間は消えてしまう。これって何なのでしょうね」

要するにこの歌は身分ある人の恋の歌であって、その恋心は「夜は炎のように燃える」のだけれど、「昼間は消えてしまう」らしいのです。恋心がいつ燃えるかは本人の勝手ですが、昼間消えてしまうのは困ったものです。たいていの解説書が、みなそういう解釈になっています。

しかしこの歌を詠んだのは大中臣能宣朝臣です。この方は朝廷の神祇官《じんぎかん》の副長官だった人です。

平安時代の朝廷の天皇直下の組織として太政官《だじょうかん》が置かれていたことはよく知られていますが、太政官というのは会社でいえば経営企画部です。企画部が決めたことは、普通、営業店部とか、営業統括部などの本社組織を通じて、全国の営業店に示達《じたつ》されます。当時の朝廷において、まさにその役割を担っていたのが神祇官です。たいへん重責のある機関なのです。

神祇官は、一般には天皇の行われる祭祀のお手伝いをするところと説明されています。しかし、機能はそれだけではありません。全国の神社を統括し、神社のネットワークを通じて、全国の津々浦々に中央政府の意向を示達するという大事な機能があったのです。天皇の祭祀を手伝う、つまり天皇の側近の部署であるからこそ、その部署からの示達は全国で尊重されたのです。

ですからこの時代、中央でたとえば大化という元号が決まりますと、全国津々浦々におよそ三日もあれば完全に示達が行き届いたといわれます。大中臣能宣朝臣は、その神祇官の大副です。とても偉い人なのです。

皇居に奉仕する庶民の心を詠む

その天皇の側近の偉い人が何を歌ったのかと申しますと、まず「御垣守」とあります。御垣《みかき》は単なる建物の塀ではなくて、「御」がつきますので、これは皇居の塀を意味します。その「衛士」というのは、皇居の門番のことです。

現代日本では、この「衛士」の仕事は皇宮警察が行います。彼らは国から給料をもらう、れっきとした公務員です。けれどももともと江戸時代までは、皇居の番人は、すべて無給でした。江戸時代ですと、この皇居の門番は各藩の持ち回りで、経費は全部藩の負担です。朝廷から一円も給料をいただきません。

たとえば幕末に禁門の変がありましたが、この変は、会津藩が門番をやっていたところに、長州藩が押しかけてきた戦いです。このとき皇居の門を護《まも》っていた会津藩は、会津若松から京の都までの交通費から宿泊費、食費から日当に至るまで、全部会津藩の自己負担でやって来ていた武士たちです。朝廷からは一円の給料もありません。その前の時代、たとえば源平時代ですと、皇居の門番は源氏や平家が行っていますが、これまた経費は全額、源氏や平家の自己負担です。

さらに武士が登場する前の時代（武士は平安時代の中頃の新田の開墾百姓から誕生しています）には、いまも続く皇居勤労奉仕の一般庶民が、番兵を行いました。全国から天皇の威徳《いとく》を慕《した》って人々が上京し、その人達が番兵をしたのです。

いまでも皇居勤労奉仕をする方々は、皆さん、バスを連ねて皇居にやって来て皇居をお掃除します。この人たちが地方からやって来る往復の交通費、弁当代、宿泊代など、すべて自己負担です。

大昔もこれと同じで、いまではお掃除だけですが、昔は粋《いき》のよい男性は、門番を委《ゆだ》ねられたのです。これがとても名誉なことで、「ウチの村では、ひい爺《じい》ちゃんの代のときに一度だけ門番をやらせてもらったことがあるだ。オラたちが門番をおおせつかるなんて、まるで夢のようだ」とばかり、その無給の庶民が、衛士を仰せつかると一晩中篝火《かがりび》を絶やさない。さすがに昼間は火を消すけれど、雨が降っても槍が降っても直立不動で、姿勢を崩さない。

だから「そういう庶民の気持ちを、俺たち貴族はなによりも大切にしなければならないよね（衛士のたく火の夜は燃え昼は消えつつものをこそ思へ）」と、大中臣能宣朝臣が詠んだのが、この歌です。しかもこの大中臣能宣朝臣、神祇大副《じんぎだいふく》というだけでなく、伊勢神宮の斎主まで務めた人です。それだけの権威ある人が、「庶民の心を大切にしようではないか」と詠んでいるのです。いったいどこが「私の恋心は夜は燃えるけれど昼は消える」なのでしょうか。もちろん歌をどのように解釈するかは、それぞれの勝手ですが、歌が詠まれた背景もちゃんと考えていただきたいと思います。

自費で皇居勤労奉仕にいそしんだ人々

さて、この皇居勤労奉仕ですが、かつては年間三〇〇〇万人が皇居勤労奉仕に参加していたのですが、最近は年九〇万人くらいにまで数が減ってきているのだそうです。

では、江戸時代にはどのくらいの数の人たちが行っていたのかというと、おおむね年間五〇〇〇万人程度であったといわれています。江戸時代の人口は全国合わせて二五〇〇万人くらいですから、およそ五人に一人が、毎年皇居に奉仕のために赴《おもむ》いていたわけです。

同じ比率とした場合、平安中期の日本の人口は五〇〇万人くらいですから、その中のおよそ百万人が、毎年皇居で勤労奉仕をしていたのでしょう。その中で選ばれた人たちが、交替で京都御所の十五カ所の門の護りに就いたのです。

そして先ほども述べたとおり、この人たちは全員、自費で都に上《のぼ》っています。いまのように新幹線や高速道路やバスがあった時代ではありません。何日もかけて歩いたり船に乗ったりして、皇居にやって来るのです。途中の宿泊も弁当も、全部自費です。そして五人に一人が毎年、ということは、高齢者や幼児は勤労奉仕に行くことができませんから、大人たちはほぼ三〜四年に一度、京都の御所に参詣していたことになります。（もちろん地域によって頻度は異なります。）

近年の学校の教科書は、平安時代の暮らしとして、貴族の食卓は食べきれないほどの豪勢な食事、一般庶民は粟《あわ》や稗《ひえ》ばかりの食卓の写真を並べ、あたかも庶民が虐待されていたのかのような印象を生徒に与えるような記述をしているものがありますが、もし本当に庶民の暮らしがそのように貧しいものであるなら、皇居勤労奉仕に数年おきに行くなどということは、およそ不可能なことです。そもそも皇居勤労奉仕は、昔も今も、義務でもなければ強制でもない、あくまで自主的に任意で行うものであったのです。

加えて言わせていただくなら、その貴族の食卓は、いわゆる宴会料理です。宴会のときには、それなりに料理が並ぶのは、昔も今も、そして貴族も庶民も同じです。庶民だって神社に集まった集会のあとの直会では、今も昔もそれなりに料理が並びます。

筆者は、こうした自主的な皇居勤労奉仕の慣習は、おそらく神武天皇の時代以来、ずっと我が国で続いてきた慣習であろうと見ています。なぜなら、これは本書の神武天皇のところに書きましたが、そもそも神武天皇が橿原に開いたのは「みやこ」であり、「みやこ」とは「御屋蔵《みやこ》」、すなわち中央の米倉のことを意味します。冷蔵庫がまだなかった時代に、お米は十年単位の長期の保存ができる食料であることに着目し、そのお米を全国から少しずつ集めて、中央の米倉に保管する。そしていずれかの地で天然の災害が起これば、中央に保管したお米（お蔵米）をその地に運ぶことで、災害後の飢えを防ぐ。何もないときに年貢米《ねんぐまい》を納めるのは苦痛ですが、そうして納めておけば、いざというときに、納めた何倍ものお米が返ってくるのです。困ったときのお米ほど、ありがたいことはありません。

日本は、全国のいずれかの土地で、毎年必ず災害に見舞われる国土を有します。そして、助けてもらった感謝のお礼に、あるいはいざというときに必ず助けてもらうために、何年かに一度は「みやこ」に行って、その米倉《こめぐら》のお掃除や警備を行う。こういうことは、庶民が自分のことしか頭にない身勝手な貧困社会や、一部のお金持ちによる収奪社会では、けっして思いつかないことです。助け合いと報恩感謝のできる社会。それは庶民が豊かに安全に安心して暮らせることを国是とする社会でしか、実現しえないことです。

世界には、二十一世紀になった今日《こんにち》においても、いまだ支配と収奪しか頭にない数多《あまた》の国が存在します。けれど日本は、はるか紀元前の時代から、庶民が伸び伸びと暮らせる社会を実現してきたのです。

第三章

鎌倉・室町・織豊時代の庶民の姿

一　庶民の暮らしと武士の成立

新田の開墾から生まれた武士

武士は平安時代の開墾《かいこん》百姓から生まれました。

荒れ地や林を拓《ひら》いて新田を開墾することは、集団で行う大変な作業で、そこに当然のことながらリーダーの存在が不可欠となるだけでなく、田が出来れば、そこに水を引く関係で、利水権をめぐって争いが生まれます。

実際に田を営むとわかることですが、田植えのときには田に水を入れます。昔は川を堰《せ》き止めて川の水位を上げ、これによって水を引きました。長い河川の流域で、たとえば上流の村がいつまでも川を堰き止めていたら、下流の村は田植えの時期に田に水を入れることができません。ですから順番を決め、順次田に水を入れるのですが、これがまた難題で、田にモグラが穴をあけていたり、休耕田で土が乾燥していたりすると、入れたはずの水が一夜にしてなくなっていたりするのです。そうなると順番や日程に齟齬《そご》が生じるわけですが、放置すれば稲作ができません。

こうした問題に対処するため、いまでも農村部には利水組合が絶大な力をもっていたりします。それくらい水の問題は大きいのです。

水を引く河川は何十キロにも及ぶもので、しかも国をまたいだ長い川ですから、単に村同士の話し合いだけでは事が済みません。ですからこうした調整は、中央貴族の荘園《しょうえん》であれば、貴族同士でちゃんと話をつけてもらえました。お米の出来不出来は、管理する貴族にとっても死活問題ですから、当然、ちゃんと調整してもらうことができたのです。

ところが一般庶民が拓いた新田は、貴族の荘園ではありません。あくまで開墾百姓の私田のため、利水に関して貴族は仲介してくれません。ですから自分たちで問題を解決しなければならない。そうなると武力衝突に至るケースが多発するわけです。そのとき戦うのは、田の重要な働き手である若者たちです。その若者たちが怪我をしたり死んだりしたら、今度は村の労働力が失われてしまうわけです。

そこで新田の開墾百姓たちが考えたのが、あたり一帯を指揮する大親分に調整してもらうことです。大親分たちもまた、さらに皇室の高貴な血を引く人物を棟梁《とうりょう》として仰ぐことによって、みんなが無駄な流血を避け、気持ちよく農事にいそしむことができるようにしていったわけです。

こうして担《かつ》がれた棟梁が、桓武天皇の直系の子孫である桓武平氏《かんむへいし》（平清盛などが所属）や、清和天皇の直系の子孫である清和源氏《せいわげんじ》（源頼朝などが所属）でした。棟梁には自分たちの田の利権を守ってもらう代わりに、棟梁に一朝事あれば、すぐに具足《ぐそく》を付けて、戦いに馳《は》せ参じる。これが御恩と奉公の関係です。

御恩と奉公の故事

この御恩と奉公の関係について、お能に「鉢木《はちのき》」という演目があります。

鎌倉時代中頃のこと、大雪が降る中、鎌倉を目指すひとりの旅の僧が上野国《こうずけのくに》（いまの群馬県）の佐野の庄を訪れるところから物語がはじまります。

あたりは豪雪、日も暮れかかってきた頃、旅の僧は、ある一軒の家を訪ねます。

「雪で前に進むことができず、今夜の宿をお借りしたいのですが」

「それはお困りでしょう。いまは私ひとりでございます。もうすぐ主人が帰ってきますので、これにて少しお待ちくださいませ」

やがて主人の佐野源左衛門尉常世《さののげんざえもんのじょうつねよ》が帰宅してきます。ところが佐野源左衛門は、「貧苦のために宿を貸すことはできない」と宿を断ります。しかしそうは言っても外は吹雪《ふぶき》。妻の助言もあって、去った旅僧を追いかけ、一晩家に泊めることになりました。

家に入っても、すきま風が吹き抜けます。源左衛門は、大切にしていた梅桜松の三本の鉢の木を火にくべて旅の僧をもてなしました。旅の僧は源左衛門に名を訊《たず》ねました。「いやいや名乗るほどの者ではありませぬ」と言いつつも、やがて旅の僧に名を告げ、実は親族に領地を横領されて零落《れいらく》して、いまはこのような暮らしと、身の上を述べます。

「それでも」と佐野源左衛門は言いました。

「もし鎌倉で事あれば、私は誰よりも先に駆けつけるつもりでいます」

翌朝、お互い名残を惜しみながら、旅の僧は源左衛門の元をあとにします。

それからしばらくしたある日、鎌倉の北条時頼《ほうじょうときより》は、関八州《かんはっしゅう》（関東全域のこと）の武士に召集をかけます。これを聞いた佐野源左衛門は、みすぼらしい出で立ちながらも、鎌倉へと駆けつけました。

一方の時頼は、部下の二階堂に、ちぎれた甲冑《かっちゅう》を着て、錆《さ》びた薙刀《なぎなた》を持ち、痩《や》せた馬を連れている武士を探し出して、自分の前に参上させよ、と申し付けます。

佐野源左衛門が見つかり、北条時頼の前に参上させられました。以前家に泊めた旅の僧が、実は北条時頼だったのです。そしてこのたびの召集は、時頼が源左衛門の言葉に偽《いつわ》りがないかを確かめるためのものでもあったのでした。北条時頼は鎌倉にやって来た佐野源左衛門を称賛し、横領された土地の回復を約束するだけでなく、三本の鉢の木のお礼に梅、桜、松にちなんだ三カ所の庄を与えました。

頼朝はなぜ鎌倉に幕府を開いたのか

さて、ここで頼朝がなぜ鎌倉に幕府を開いたのかという問題を解くにあたっては、いつくかの前提となる事実を思い出しておく必要があります。それは、

一、「みやこ」とは何か
二、源氏とは何か
三、平氏とは何か

の三つです。

まず「みやこ」とは何かです。大和言葉で「みや」というのは、大切な場所のことを言います。ですから神社などは、みんな「みや」です。そして「こ」とは米蔵《こめぐら》のことを言います。つまり「みやこ」とは、もともとは「大切な米蔵」を意味した言葉です。

第一章でも述べましたが、我が国は、初代神武天皇が橿原《かしはら》に「みやこ」をつくり、そこに全国から持ち寄ったお米を蓄え、天然の災害などで困った地域があったら、そこからお蔵米を放出して、困った人たちを助ける、というところから出発しています。いわばクラウド（庶民）ファンディング（資金調達）をお米で行ったようなものです。そのためには、中央にいつでも出庫できる大きなお米の貯蔵場（米蔵）が必要です。これが「みやこ」の事始めであり、日本建国の原因であり理由です。それが紀元前七世紀の出来事です。

漢字の伝来は、早いもので一世紀、本格的な漢字の日本語への採用は七世紀のことです。つまりこの時代までに千年の間があります。「都」という漢字のもともとの意味は、「多くの人が集まる場所」という意味です。千年という時の経過とともに、もともとは単に米庫を意味した「みやこ」という大和言葉が、しだいに天皇の御在所として国の中心となり、多くの人々の集まる経済と文化の中心地となりました。そこで「みやこ」という大和言葉に近い意味をもつ漢字の「都」が当てられるようになりました。

先ほど述べたように、源氏と平氏は新田の開墾百姓から生まれた自警団から、しだいに新興武士団としてまとまっていった集団です。墾田永年私財法などによって、新しく開いた田んぼは私有地にしてもよいとされるようになり、これが我が国の食糧生産高の上昇と人口の増加を招くのですが、私有田は貴族の荘園ではありませんから、土地の境界争いや、利水権などの紛争の調停を貴族に依頼しても、税を払っていないのですから、相手にしてもらえません。

そこで新田の開墾百姓たちが選んだ紛争の解決法が、武力をもつと同時に、武力衝突ではなく、権威による裁定という道でした。これが第五十代の桓武天皇、第五十六代清和天皇の直系の子孫を、棟梁としてみんなで担ぎ上げ、その権威によって、紛争を（流血騒動を回避して）解決するという方法で、こうして武門の棟梁としての源氏や平氏が興隆します。たとえていうなら裁判所を東西に二つ設けたようなものです。人々は土地や利水争いの最終的解決を、そのどちらかに判断、判定してもらうわけです。一点、現代の裁判所と異なるのは、源氏と平氏が、いずれも強力な武力を背景にしていたという点になります。

流血を嫌う日本の古くからの知恵

主に西国を中心に勢力をもった平氏は、瀬戸内水軍との関係を強化することで、入宋交易による富を支配下に置くことになりました。この交易がどれほど儲かったかは、いまでも七福神の乗った宝船が、富と幸せの象徴となっていることでも明らかです。なにしろ一回の交易で、財産が四百倍に増えるのです。

こうして土地と富の両方を傘下に収めた平氏は、保元《ほうげん》の乱、平治《へいじ》の乱を経由して朝廷内で力をもつようになり、ついには天才政治家であった平清盛《たいらのきよもり》の時代に、天皇のもとで国家最高権力者として頂点を極める武士として初めての従一位の太政大臣《だじょうだいじん》に任ぜられることになります。そして平清盛は朝廷内にその政治基盤を築きました。そうすることで、朝廷の米蔵と、平家の米蔵を一体化する道を選んだわけです。このことは、貴族の荘園と、武士の新田が、一体化して平氏のもとで管理されるようになったことを意味します。

ところが清盛は、桓武天皇を祖先にもつとはいえ、あくまで武士の棟梁です。武力とカネは持っていても、貴族を前にしたら権威がない。すると貴族の荘園側に不利な裁定があれば貴族に恨まれることになります。また貴族に近い権威をもつ新田の武士団にとっても、不利な裁決があれば武士団から恨まれることになります。つまり、いくら桓武天皇を祖先にもつといっても、新興勢力である武士の棟梁である以上、傘下の新興武士団からは伝統的権威が認められるものであっても、貴族たちや別な権威を信奉する武士団からすると、どこまでもただの新興勢力でしかないのです。つまり「力があっても正義として認められない」のです。

力というのは、武力、財力、情報力の三つの要素によって成り立ちます。これによって物事を「ゴリ押し」することができ、相手を屈服させることが可能です。つまり「力」とは、「相手を屈服させる力」です。

これに対し、正義は武力などによるゴリ押しにゆるがない伝統的権威を背景とします。つまりその国の長い歴史伝統文化によって一般化し共有されている価値観に基づくわけです。もっといえば、「古いこと」が価値になります。

桓武平氏の出であるとはいえ、多くの貴族たちは、もっとずっと古い歴史をもつ存在です。たとえ清盛が、政治の頂点である太政大臣になったとしても、太政大臣というポストから生じる権力は行使できても、古い家柄である貴族たちからは、その権威が認められません。権威が認められないということは、清盛の判断と行動が、正義として認められないことを意味します。何をしても、ただの力の発露とみなされるわけです。

保元・平治の乱で中央での政争に敗れた源氏は、その基盤であった関東を中心に、あらためて武闘派としての基盤を築きます。そして平家を追討すると、鎌倉に、武士たちのためだけの米蔵、つまり武士団専用の「みやこ」を置きました。つまり、武士団の米庫を、京の都の朝廷と、武士団のための鎌倉の米庫に分離したのです。こうすることで、新田の開墾百姓たちに関する調停は、あくまで新田の開墾百姓たちで行う。そして最終解決は、鎌倉で裁定する、としたわけです。これが「御恩と奉公」の基盤となる仕組みです。

なぜこのようなことをしたのかというと、

・朝廷の貴族たちの荘園の紛争は貴族たちで

・武士団の新田の紛争は鎌倉で最終的な解決が図るようにした

ということです。つまり新田の紛争は新田側で解決し、そこに貴族や朝廷からの干渉がないようにしたわけです。

そしてそのために源頼朝は、正二位、権大納言《ごんだいなごん》、右近衛《うこんえ》大将、征夷大将軍という要職にありながら、むしろ征夷大将軍であるということを逆手にとって、京の都から遠く離れた源氏の基盤である関東に、征夷大将軍のための出張所としての「幕府」を置いたわけです。新田の開墾百姓出身の武士たちにとって、源頼朝は、唯一の確認された清和天皇の末裔《まつえい》であり、武士たちにとっては、完璧な武士団における最高権威です。つまり源頼朝の判断こそが、正義（権威に裏打ちされた正義）となりうるのです。

そしてこうすることで、鎌倉幕府が、武士団にとっての国家最高権威となることができます。そしてひとたび権威が確立すれば、以後の紛争の解決に、血を流さずに済みます。

頼朝が幕府を中央から遠く離れた鎌倉に置いた理由——。それは、新田の開墾百姓たちにとっての鎌倉の権威の確立によって、流血を防ごうとした。それは縄文以来の、流血を嫌う日本人の古くからの知恵に基づくものであったのです。これはすごいことです。

二　庶民のお楽しみ、猿楽と田楽とお能の誕生

田に稲を植えるのが女性の役割だった理由

「お能」が生まれるのは十四世紀の南北朝時代です。それ以前の時代ですと、猿楽《さるがく》・田楽《でんがく》が有名です。

「田楽」は、田植えの際に景気づけと疲労軽減のために歌って踊る楽しみの芸能です。

「猿楽」は、もともとは軽業《かるわざ》、手品、曲芸など多岐にわたる芸事全般のことをいいます。

その猿楽から派生したのが「お能」です。

田楽の成立は平安時代中期とされ、女性の手で書かれた史書『栄花《えいが》物語』の中に、田植えの風景としての描写があります。実は長い間、田に入って苗を植えるのは女性の役割とされてきました。男性はその女性たちが疲れないように、田の周りにいて派手な格好をし、腰鼓《ようこ》や「びんざささら」（竹ひごを束ねた道具）を叩きながら、お囃子《はやし》をしました。こう

してリズムに合わせて苗を植えることで、田んぼには縦横にまっすぐに揃って苗が植えられたわけです。

なぜ女性が働き、男性が田の周囲でお囃子《はやし》をしたのかというと、田植えが神事と考えられていたからです。稲は天照大御神《あまてらすおほみかみ》から斎庭稲穂《ゆにはいなほ》の神勅《しんちょく》で授かった高天原の稲の子孫です。その稲の苗を土地の神様のおわす地面に植えるのは、神様と直接対話ができる女性だけに与えられた特権とされたわけです。ですから男たちは苗を苗代《なわしろ》から運ぶなど、田植え作業に付随する一切の雑用を引き受け、さらにお囃子によって女性たちの疲労を軽減しようとしました。（もっとも稲刈りの場合は、稲を刈ったり運んだりする作業が重労働になるため、これは男たちの仕事とされています。）

この田楽は、平安後期になると田楽を専門に踊る田楽法師《でんがくほうし》などという職業が生まれ、全国の田植えに引っぱりだこになりました。

鎌倉時代になると、幕府の執権北条高時《しっけんほうじょうたかとき》が、陽気な田楽を好み、田植えの時期に限らず、田楽を鑑賞したり、一緒に舞ったりして楽しんだという記録もあります。要するに田楽は、庶民の暮らしに密着したお楽しみであったわけで、それを武家も楽しんだのは、武家もまた田地をもつ開墾百姓であったことを意味します。我が国は、武士も庶民も、みんなで田畑を大切に育んだのです。

神話から生まれた猿楽

「猿楽」もまた歴史の古いものです。

猿楽は、舞踊や芝居、手品、軽業《かるわざ》など、田楽以外の一切の芸事を含む言葉で、猿真似をするから猿楽だ、という人がいますが、ちょっと違うように思います。もともと高天原で天岩戸《あめのいわと》の前で舞を披露した天宇受売神《あめのうずめのかみ》が、天孫降臨《てんそんこうりん》の際に迩々芸命《ににぎのみこと》に伴をして葦原の中つ国、つまり私たちの国に降臨しました。そのあと天宇受売神は、国つ神の猿田彦《さるたひこ》と結婚して「猿女君《さるめのきみ》」と名を改めました。これが我が国の女性が結婚して姓が変わる事始めになります。

そして猿女君は宮中の楽師の祖となり、その芸事が広く庶民の生活の中に広がって猿楽となりました。

この猿楽から、お能が生まれ、またお能をもっと庶民目線に演じる狂言が生まれます。

お能は室町将軍足利義満《あしかがよしみつ》によって保護され、武家の文化となります。一方、狂言などは、猿楽師らによって、主に広い河原などに舞台がつくられたことから、こうした演劇を行う者たちが河原者《かわらもの》と呼ばれるようになります。

河原者たちが演じる演劇や舞台は、庶民の楽しみとなり、また、演目の多くはお能で演じられる演目を、はるかにやさしくわかりやすくしたものが庶民に好まれました。そんな河原者たちの間で、戦国末期に登場するのが歌舞伎です。

お能が形成した武士道

武士道といえば、我が国独自の非常に形而上学的な清廉潔白な正しく生きる武人の道です。では武士たちはどのようにしてそのような武士道を身につけたのでしょうか。

よく言われるのは、武士は中国渡来の四書五経や儒教を学ぶことで、武士道を形成したということです。けれど、それはちょっとおかしな議論です。なぜなら儒教も四書五経も中国で生まれ、科挙の試験科目にもなり、また朝鮮半島においても学ばれた書です。それなのに、どうして中国や半島で武士道が形成されず、日本だけに武士道が生まれたのでしょうか。

実はその答えがお能なのです。

先述のとおり、武士は、奈良時代以降の開墾百姓、つまり庶民です。新しく土地を開墾し、田んぼや畑を開いてそこを私有地にした人たちを祖とします。そして自警団として彼ら自身が武装し、武士団を形成するようになったとされます。その武士団は、源平を戦い、また鎌倉時代に元寇を倒すことで、国内に敢然とした力を発揮するようになりました。

この時代までの武士は、人の上に立つ大地主たちでしたから、それぞれが立派な人物であったわけです。ですから武士の凛《りん》とした姿のお手本といえば、江戸時代になっても鎌倉武士でしたし、江戸時代の武士の最高の褒め言葉が「貴殿はまるで鎌倉武士のようでござる」でした。鎌倉武士はまさに武士としての強さと、凛々《りり》しさの象徴であったのです。

それをさらに武士道という道にまで高めたのが、お能です。武士たちは幼少期からお能を鑑賞することで、武士とは何か、人の道とは何かを学んだのです。四書五経や儒学は、そうした基盤の上に学んだから、日本の武士道は、中国や半島の武人とはまるで種類の異なる生き様となりました。

このことをご理解いただくために、お能の演目を二つご紹介します。二つともお能の定番の演目です。

熊野《ゆや》の物語——弱者をたいせつにする心

遠州（静岡県）出身の美しい女性である熊野《ゆや》は、京の都で平宗盛《たいらのむねもり》に仕《つか》えているのですが、母が病気だと連絡が入る。そこで宗盛様にお暇《ひま》をいただいて故郷《くに》に帰りたいのだけれど、宗盛はちょうど清水寺の大花見大会を計画しており、美しい熊野は、是非とも連れていきたい女性であるだけに、熊野自身もそうした宗盛の気持ちを察して言い出せない。いよいよ花見の日、酒宴《しゅえん》のときに衆生《しゅじょう》を守護する熊野権現《くまのごんげん》がにわか雨を降らして、花を散らせてしまいます。そして熊野《ゆや》が、

いかにせん　都の春も惜《お》しけれど　馴《な》れし東《あずま》の花や散るらん

と母を慕う和歌をしたためると、これを読んだ宗盛が、熊野の帰郷を許すわけです。そして熊野は急いで故郷に旅立っていく。

この物語は、一門の権勢を担う武家の棟梁にして権力の座にある宗盛と、美しい桜、美しい女性を対比させながら、神々のご意思はどこまでも衆生の幸せの上にあること、そして時の最高権力者であった宗盛が、ひとりの女官の思いを、にわか雨に散った桜と、熊野の和歌から察して帰郷を許すというところに、武家の長としての大切な心構えが描かれています。

つまりこの物語は、権力が大事か、衆生《しゅじょう》の幸せ……つまりひとりの人間の、親を思う気持ちが大事かという、ある意味究極の選択を描いた物語といえます。そして宗盛は散った桜と「馴れし東の花や散るらん」という遠回しな熊野の和歌で、すべてを察して熊野の帰郷を許すのです。

武士であれば、当然、武力をもつし、武力を用いるための訓練も受けています。つまり一般の民よりも強く、そして権力をもつ存在です。けれど強いからこそ、武力や官位や権力以上に、弱い者の気持を些細なことから察する。そういう人としてのやさしさが大切であることを、このお能の演目は教えているわけです。

鵺《ぬえ》の物語――敗者への思いやり

鵺《ぬえ》もまた、お能の代表的な演目です。鵺は、頭が猿、尾が蛇、手足が虎という恐ろしい妖怪で、その昔、源頼政《みなもとのよりまさ》によって退治されたのですが、退治されただけで、その魂魄《こんぱく》がいまだこの世にさまよっていました。たまたまその鵺の魂と出会った旅僧の回向《えこう》によって、鵺の魂魄はおさまり、成仏してこの世を去っていくというのがこの物語です。

これもまた、誤った者を懲罰するのは武門の常ではあるけれど、そのあとに命を奪った相手に対して、ちゃんと回向をし、成仏《じょうぶつ》させてあげなければならないという、武士の心得を描いた作品といえます。先の大戦に際して武士精神を受け継ぐ旧日本軍が、敵兵であっても戦いの後に供養《くよう》を欠かさなかったのは、この鵺の物語が、武士の心得となっていたからにほかなりません。

お能といえば昨今では「侘《わ》び寂《さ》び幽玄《ゆうげん》の世界」と決めつけるかのような論調が目立ちます。けれど先の二つの物語でもわかるように、描かれている世界は、侘び寂び幽玄というより、武士としての心構えや行動規範です。

武士は「侘び寂び幽玄」の存在だけではありません。リアルな社会において正義を貫き、庶民の模範となって将軍家や殿様に代わって民が豊かで安全で安心して暮らすことができるようにしていくための存在です。そして武士がこのことを学んだのが、室町幕府三代将軍足利義満《あしかがよしみつ》に愛されたお能であったのです。

ちなみに江戸時代には、武士は歌舞伎や芝居小屋には入るものではないとされていました。このことは、主人となる武士だけでなく、その家の妻女や子にも徹底されていたことです。武士はお能だけを鑑賞するものとされていたのです。

三　ザビエルが記した日本人の暮らし

「日本人より優れている人々は異教徒の間では見つけられない」

戦国時代に来日したフランシスコ・ザビエルが日本の様子についてイエズス会に送った書簡に次の言葉があります。

この国の人々は、いままでに発見された国民の中で最高であり、日本人より優れている人々は異教徒の間では見つけられない。彼らは親しみやすく、一般に善良で悪意がない。驚くほど名誉心の強い人々で、他の何ものよりも名誉を重んじる。大部分の人々は貧しいが、武士も、そういう人々も貧しいことを不名誉と思わない。

フランシスコ・ザビエルといえば、天文十八年（一五四九年）年八月に、日本に初めてキリスト教を伝えた人として有名です。そのザビエルが日本に滞在したのは、同年から天文二十一年（一五五二年）十一月までの三年三カ月でした。

その間にザビエルは鹿児島、山口、京都をめぐって布教活動を行っています。ザビエルがこのような評価をしたのは、日本が平和で文化が円熟した江戸時代ではありません。日本の歴史上で、最も国が荒れた戦国時代です。その荒れた戦国時代を見て、ザビエルは日本を「最高」と評価し、「親しみやすく善良」だと書いているのです。

書簡の中でザビエルは「異教徒」という言葉を用いています。この時代、西洋人にとって「異教徒」は蛮族《ばんぞく》であり、ヒトモドキです。これは映画に出てくるバンパイヤ（吸血鬼）や、リカント（狼男《おおかみおとこ》）と同じで、異教徒は人の姿をした獣《けもの》なのですから、人として認識されません。人だから殺人罪が適用されるのです。人でない獣に、殺獣罪という法はありません。ところがその「異教徒」の国である日本を、ザビエルは「いままで見た国の中で最高」と述べているわけです。これは言ってみれば猿の社会を、人間の社会よりも美しい国、美しい国民と評価しているようなものです。

異教徒でありながら、実に優れた文化をもった国とザビエルは評価したのですが、その評価を与えられた日本は、日本人の常識からしたら、世が荒れた時代です。

このことが意味するところをお考えいただきたいのです。もし皆さんがザビエルの立場にある宣教師だったならば、いまの日本を見たとき、果たしてザビエルと同等の評価をするでしょうか。もし「しない」のであれば、それは世が荒れたと言われる戦国時代よりも、いまの日本のほうが、よほど民心が荒《すさ》んでいるということになります。

実際には、最近発見された戦国時代の日記などの記録をみると、後世の我々が「戦国時代」と名付けた時代も江戸時代も、日本人の心はまるで変わっていないことに驚かされます。

つまり日本人は、戦国期においても、文化が円熟したとされる江戸期においても、等しく勤勉で真面目で、人を大事にし、ひとりひとりが自らの成長に励み、人々が互いに助け合い、たとえ貧しくても立派に生きることを選択する民度の高い国民であったのです。

モースが見た日本の子供たち

時代はずっと下《くだ》りますが、エドワード・モースは、明治十年（一八七七年）から明治十五年（一八八二年）にかけて、三度にわたって来日したアメリカの人類学者です。ダーウィンの進化論を日本に伝えた人でもあります。

そのモースが、日本での体験談を『JAPAN DAY BY DAY』（邦訳は『日本 その日その日』）に著しています。戊辰《ぼしん》戦争が終わって間もない頃の日本の姿ですので、基本的に庶民の家族の姿はこのようであったと思われます。一部を抜粋してみます。

世界中で日本ほど、子供が親切に取扱われ、そして子供のために深い注意が払われる国はない。ニコニコしているところから判断すると、子供たちは朝から晩まで幸福である。

外国人の筆者が一人残らず一致することがある。それは日本が「子供たちの天国だ」ということである。

この国の子供たちは親切に取り扱われるばかりではなく、他のいずれの国の子供たちよりも多くの自由を持ち、その自由を乱用することはより少なく、気持ちのよい経験の、より多くの変化を持っている。

世界中で両親を敬愛し、老年者を尊敬すること、日本の子供に如《し》くものはない。汝の父と母とを敬愛せよ、これは日本人に深くしみ込んだ特性である。
日本人のきれい好きなことは、常に外国人が口にしている。日本人は家に入るのに、足袋《たび》以外は履いていない。木製の履物なり、わらの草履なりを、文字通り踏み外してから入る。最下級の子供たちは家の前で遊ぶが、それにしても地面でじかに遊ぶことはせず、大人がむしろを敷いてやる。

モースは、明治十九年にも『Japanese Homes and their Surroundings』（邦訳は『明治・日本人の住まいと暮らし』）という本を書いています。そこには、次の記述がありま す。

レインをはじめ文筆家たちは「日本の住まいにはプライバシーが欠けている」と述べている。しかし彼らは、プライバシーは野蛮で不作法な人々の間でのみ必要なことを忘れている。日本人はこういった野蛮な人々の非常に少ない国民である。

ザビエルやモースたちよりもずっと古い時代、奈良時代の終わり頃の七五六年に建てられた国宝を保存する正倉院《しょうそういん》には鍵がありません。紙でできたお札《ふだ》が貼ってあるだけです。それでいて泥棒が入らない。一般の民家でも、一昔前までは、家に鍵などありませんでした。玄関の戸を開け放しでも、泥棒が入る心配などまったくなかったからです。

なぜそんなことが可能だったのでしょうか。

その答えは、以前お世話になっていた神社の宮司がおっしゃいました。

「日本という国は、陛下のもとにみんなが共同体として生活していたのです」

戦国時代の日本も、やはり同じ日本だったのです。

四　信長・秀吉・家康の施策と庶民

大うつけと呼ばれた信長

織田信長は、幼名を吉法師《きっぽうし》と言いました。

少年時代の信長（吉法師）は「大うつけ」と呼ばれ、早い話が大馬鹿者で、奇抜な服装をして、領内を駆け回り、奇行の目立つ子でした。

父の信秀は、今川氏を破った豪勇で知られた人で、経済的にも軍事的にも成功し、またお伊勢様の式年遷宮に際して大枚《たいまい》を献上し、朝廷へも内裏《だいり》の修繕費を献上するなど、皇室尊崇の念の強い偉大な人でした。それだけに嫡子《ちゃくし》の吉法師が、お家のことも、お国のことも考えない、いまでいう「出来の悪い不良息子」であったことは、家臣一同の抱える大きな悩みとなっていました。

「信長様の時代になったら、織田家もおしまい」

これは当時の家臣一同の、共通の思いであったようです。

父の信秀が亡くなったあとに信長が家督を継ぐのですが、信長にはまるで殿様としての自覚がない。これを諫《いさ》めるために、宿老の平手政秀《ひらてまさひで》が自害までしたのは、信長が家督相続をした翌年のことです。信長があまりに出来が悪いことから、領内では信長を引退させて、弟の信勝を擁立しようという動きも出ましたが、そこは筋を大切にする尾張《おわり》の人たちのこと、いくら馬鹿でも筋は筋、ということでこの戦いは信長の勝利に終わります。

そんな折、駿河の今川義元《いまがわよしもと》が、京の都上洛のため、大軍を動かします。都への上洛ということは、次期将軍職もしくは太政大臣職を得る、ということを意味します。当時の今川義元の勢力は大きく、尾張織田家と今川家では、その力はダンプカーと原動機付自転車ほども違いがありました。

信長の父の代には、今川家の尾張進出を跳ね返していたのに、いまでは今川家に従うのか。

今川家は、足利将軍家の分家の吉良《きら》家（後の吉良上野介《こうずけのすけ》の家）の、さらに分家です。要するに分家の分家であるわけで、そのような下賤《げせん》な者が、単に財力があるからとか、強大な軍事力をもつからといって、将軍職もしくは太政大臣職を得る。それは「力さえあれば、世の中の道理を曲げることができる」ということを社会が認めることでもあります。

信長、弾正忠の役割に目覚める

本来ならば、そのような不条理を断じて許さず、一刀両断のもとにそのような不埒者《ふらちもの》を斬り捨てるのが、弾正忠《だんじょうちゅう》の家である織田家の役割です。

弾正は、七世紀の律令体制の時代に置かれた役職で、天皇直下の三つの機構（太政官《だじょうかん》、神祇官《じんぎかん》、弾正台《だんじょうだい》）のうちのひとつです。

政治の意思決定を行う太政官、全国への示達を行う神祇官の高官たちが、もし欲に目がくらんで道を外れたなら、それは天皇の「おほみたから」である庶民にとっての不幸です。そこで天皇直下の機構として設置されていたのが弾正台で、弾正には太政官、神祇官の政府高官に不義があった場合、問答無用でこれを斬り捨てる権限が与えられていました。

下々《しもじも》の悪事は太政官の刑部省などが行っていましたから、弾正台はあくまで、政府高官の不正対策のための機構です。弾正台の行う処分には、一切の異議が認められません。取り調べもありません。判断は一方的に弾正台が行う。それだけです。弾正台には、それだけ強大な権限が与えられていたのです。なぜならここがわが国の最後の良心の盾であったからです。

尾張織田家は、弾正忠の家柄です。弾正忠は、弾正台の中に置かれた中程度の役職の名です。弾正忠にとっては、今川家が巨大な勢力をもっているとか、兵員数が多いとか、一切関係ありません。将軍の分家の分家が将軍の地位を奪おうなどと、とんでもない話である、というそれだけです。

尾張織田家の家中では、

「父の信秀様なら、今川の尾張通過など絶対に赦《ゆる》さなかったのになあ。いまの信長様では、なんとも……」

というのが城内の噂《うわさ》でした。

ところが、それまでただの「うつけ者」だった信長が、ここで俄然《がぜん》、弾正忠の家柄に目覚めるのです。

「俺は今川を赦さない。戦うぞ」

と言った。家臣一同びっくりです。びっくりしている家臣の前で信長が唄い舞ったのが、謡曲《ようきょく》の「敦盛《あつもり》」です。

「人間五十年、下天《げてん》の内をくらぶれば……」と唄う「敦盛」は、「男子たるもの、たとえ敵《かな》わぬ相手、負けるとわかっている相手であっても、戦うべきときには戦わねばならぬ、どうせ人生、長く生きても五十年。夢や幻のようなものなのだから、せめて一太刀《ひとたち》、真実の刃《やいば》を残して死のうではないか」という意味の謡曲です。この歌と舞が行われている間に、家臣一同は信長の心を見ます。

ようやく我らが大将が、弾正の血に目覚めてくれた。

ようやく我らが大将が、本物の男になってくれた。

ようやく我らが大将が、我らの本物の大将になってくれた！

こうして家臣一同、決死の覚悟の集団となります。ただ命令されて付いてきているだけの兵と、死を覚悟の一団では、その戦力差は歴然です。そんな家臣を引き連れて、信長は桶狭間《おけはざま》で昼休み中の今川義元を急襲して、倒します。

天下統一の気運と楽市楽座のはじまり

この噂は、またたく間に全国に広がりました。

「戦国乱世を終わらせるためには、あらためてご皇室を中心とした天下を開く必要がある」。そう思っていた全国の名だたる武士たちは、信長が律令時代に定められた弾正の職にあり、父の信秀が皇室尊崇者であったこと、そして息子の信長が弾正家としての筋を通したことを好感し、続々と信長のもとに集まってきました。

当時の武士というのは、半農半武です。日常は農業をして暮らし、戦《いくさ》は農閑期にのみ行うものでした。あたりまえのことです。人は食べなければ生きていくことができないのです。だから武士は自給自足でした。

ところが信長のもとでは、困ったことが起きました。新たに信長のもとに集ってきた武士たちは、国を捨てて集ってきたのです。農地をもっていないから、自給自足できないのです。そんな食客を大勢抱えるようになった信長は、城下にあった市場に目を付けます。

この時代、市場は親分衆がいて、いまでいう「みかじめ料」を商店から取って、贅沢《ぜいたく》な暮らしをしていました。そこで信長は、軍団を利用して、そうした親分衆を追い出すと、そのみかじめ料にあたるものを、直接信長に税として収めさせるようにしたのです。

これが楽市楽座《らくいちらくざ》です。当時は、まだ貨幣経済が浸透していませんから、税は、大根や菜っ葉やお米で、物納です。それらは、そのまま食客たちの食い扶持《ぶち》になります。また市場では、それまで力関係で決まっていたみかじめ料が、税として一率となったため、誰もが安心して商売に精を出すことができるようになりました。

こうなると、人口が増えた尾張で商売をすれば、誰もが儲けることができるということで、続々と尾張城下に商人たちも集まります。町は活気づき、人口も増え、税収も増え、織田家お抱えの武士団も増えていきました。そしてこの武士団は、農繁期でも戦うことができるという全国で初めての武士団となっていったわけです。

信長は、こうして二十四時間三百六十五日、戦い続けることができる軍団を率いて、天下を統一していきます。それは、弾正として、私腹を肥やし、天皇のおほみたからである庶民の暮らしを顧みない戦国大名たちとの戦いでもありました。

いわば、自分たちだけが贅沢できればよいとするグローバリストたちと、庶民の正義との戦いのようなものであったわけです。

武装した仏教勢力との戦いと本能寺の変

そして信長の最後の大仕事は、武装した仏教勢力との戦いでした。この時代、仏教勢力は武装し、場合によっては国を滅ぼし、自分たちで政権を営む、つまり仏教帝国をつくったりもしていました。このことは、国を分断する行為です。

この時代、欧米列強の圧力が東亜諸国に達していました。日本が、諸国に分断された状態にあれば、またたく間に日本は欧米諸国に分断統治され、植民地化されてしまうことでしょう。それを防ぐためには、当時、どうしても国をひとつにまとめる必要がありました。そしてそのときに、もっとも大きな障害となるのが仏教勢力であったわけです。

このことは、仏教そのものを否定するものではありません。教えはよい。けれど仏教徒が武装し、腐敗し、堕落し、女犯の罪に穢《けが》れながら、毎日宴会をして酒池肉林《しゅちにくりん》におぼれていることは、これは赦《ゆる》されるべきことではない。こうして信長は比叡山延暦寺《ひえいざんえんりゃくじ》、本願寺攻めを敢行し、仏教寺院への武装解除を成功させます。

けれど、そうなればなったで、信長は仏教勢力から、第六天の魔王として、仏敵として、常に付け狙われることになります。これは、国内にテロリストのグループを養うのと同じことです。

そこで信長が一計を案じて実行されたのが、本能寺の変です。まず、武闘派仏教勢力の一切の恨みを信長ひとりに集中させる。その準備が十分に整った（信長ひとりに恨みと攻撃対象が完全に集約された）ことを確認したら、次に明智光秀《あけちみつひで》が本願寺で信長を討つ。このとき信長は、部下に裏切られ、地獄の業火に焼かれて死体さえも残らないという演出をする。これにより、仏教勢力は攻撃対象を失い、矛《ほこ》を納《おさ》めることになる。

また信長を討った光秀も、討伐されることで、武家の筋も守られる。そのあとは農民あがりの秀吉が、信長の後継者となることで、庶民に、誰でも努力をすれば出世できるとの夢を与え、かつ、全国の圧倒的多数を占める農民たちの政権への支持を集める。これによって、天皇とおほみたからの日本の国柄を一気に取り戻す。そしてこのとき秀吉は、必要な財力を、天下の台所と呼ばれる大坂で、楽市楽座を行うことで手に入れる、としたわけです。

庶民から身を起こして天下人になった秀吉

その秀吉は、生まれは尾張国の中村郷の農家に生まれたとされています。異説に忍者の出だったとか、僧侶の家柄だった、いやいや貴族の出身だとか、さまざまな説がありますが、正確なところはわかっていません。つまり「わからない程度の低い身分の家に生まれた」ということですから、本書では単に「庶民の出であった」としておきたいと思います。

秀吉ははじめ木下藤吉郎《とうきちろう》と名乗り、遠州浜松の松下氏に仕えたりしていますが、その後、信長の家の奉公人として仕えるようになります。奉公人というのは、いまでいえば雑用係といったイメージになります。

冬の寒い日、信長の草履《ぞうり》を懐《ふところ》に入れて温めたことで、信長に気に入られてしだいに頭角をあらわし、桶狭間の戦いのあと、急速に勢力を拡大して家人《けにん》の増えた織田家において、早くから信長の近習《きんじゅう》であったことが幸いして、足軽頭《あしがるがしら》から有力武将にまで出世の階段を登り、ついには大大名である毛利輝元《もうりてるもと》との戦いの将まで任《まか》されるようになりました。

そして信長が亡くなると、その仇《あだ》討ちとして明智光秀を討ち、対立する柴田勝家《しばたかついえ》を滋賀県長浜市での賤ヶ岳《しずがたけ》の戦いで討ち取り、織田家中第一の地位を得ます。そして大坂に城を築き、朝廷内の次期関白《かんぱく》職をめぐる争いに介入して、ついに朝臣《あそん》として関白職に就きます。さらにその八年後、朝廷の権力者としての最高位である太政大臣に任じられ、このとき豊臣《とよとみ》の姓を天皇から与えられるという栄誉に授かっています。

政権を安定させた秀吉は、経済改革を本格化させ、すべての物産の商取引を、大坂を中心に行うように制度改革を行いました。

この秀吉が行った大坂経済一極体制というのは、鉄にせよ銅にせよ金銀にせよお米などの農産物にせよ、原産地が直接それらを販売するのではなく、すべていったん大坂に物産品を持ち込んで、そこで取引をするというものでした。

全国の物流が大坂を中心にして出たり入ったりするわけですから、大坂で莫大な富が動きます。そして秀吉は、その商取引によって生じた富に課税することによって、豊臣家が大儲けする仕組みをつくり上げるわけです。このことによる成果は見事なもので、秀吉の時代には国の借金などというものは存在せず、誰もが好景気、高収入を得ることができるという、たいへん活発な経済の成長が実現されました。

黄金を手にした家康

一方、秀吉の命令によって、危険人物として箱根の山の向こうに飛ばされたのが、家康です。当時の関東は、いまのような広大な平野部ではなく、満潮のときには海になり、潮《しお》が引けば地面が露出するという、広大な湿地帯です。言い換えれば、たいへん貧しい土地でした。しかも関東には坂東武者《ばんどうむしゃ》の血を引く乱暴者がたくさんいて、これらを従わせるだけでもたいへんな労力がかかります。つまり、家康は秀吉によって、その経済力、軍事力を大幅に削《そ》がれる事態となったわけです。

ところが家康は、江戸に入府したあと、河川を利用して兵の機動力を発揮して、またたく間に関東全土を征圧《せいあつ》。それだけではなく、もともと関東以北が金銀の一大産地であったことに目を付け、金銀銅の鉱山の発見に力を注ぎます。実は、これが大当たりする。

なんと家康は、佐渡の金山が、それまで我が国で採掘された金銀の総量を上回ることを発見するのです。

ところが……、ここに問題がありました。

当時の秀吉による大坂一極集中経済体制のもとでは、せっかく金銀の鉱脈を発見しても、その売却をするためには、すべて大坂に採掘した金銀を持ち込まなければなりません。現時点で市場に出ている金と同量の金が採掘され、大坂に持ち込まれれば、それは単純に金の相場を下げるだけになってしまい（つまり買い叩かれる）、家康にとってはなんの旨味《うまみ》もなくなってしまうのです。

関東は、土地が低いし、荒川、利根川、多摩川といった荒ぶる川が流れ込み、台風が来るたびに何もかもが流されてしまうという土地柄です。そこを拠点として江戸に城や町を築くためには、河川の堤防工事などに莫大な費用がかかる。その費用を捻出するのに、佐渡の金山から採れる黄金はとても有効だけれど、これを大坂に持ち込んで黄金の相場を下げてしまったら、なんにもならない。ということは、大坂経済を活かしつつ、江戸で別な経済体制を敷く必要がある……というわけで、大坂への経済一極体制を覆すために行われたのが、関ケ原の戦いです。

そして関ケ原で勝利した家康は、堂々と、佐渡の金山の発見を天下に向かって発表します。こうして、大坂の相場で、採掘した金を両替し、関東の水害対策工事や、江戸の街づくり、江戸城の建設等を実現していったのです。

以上が、歴史の流れです。そんな話は聞いたことがない。出典を示せと言われそうですが、これまで言われてきたさまざまな説も、言ってみればひとつの意見にすぎません。事実をもとに筋書きを再構築すると、以上の流れになるわけです。

ここで重要なことがひとつあります。それは「家康が行った大坂一極集中経済体制の打破という大事業は、言ってみれば、アフリカの資源国が団結してヨーロッパの商業資本を打倒した事件のようなものだ」ということです。その意味で、家康の行ったことは、世界史に残る、あるいは人類史に残るべき大偉業といえるのです。

家康の時代は二百六十年、徳川政権として続きました。家康は、巨大な財力と軍事力を手に入れましたが、自らの王国をつくるのではなく、あくまで天皇の部下として、天皇のおほみたからたちが、豊かに安心して安全に暮らすことができる国を目指しました。

おかげで日本は、欧米の植民地にされることもなく、江戸二百六十年の平和と繁栄を手に入れることに成功しています。そして、なによりも生産者が第一、現場で汗を流す人がいちばん偉いという哲学を、完全に日本に定着させることに成功しています。それが一部崩壊しかかったとき、現れたのが二宮金次郎です。そしてその二宮金次郎の偉業が、ついには世界から植民地を駆逐《くちく》するという、これまた大偉業につながっていくというお話は、第四章に譲ります。

歴史の見方にはいろいろなものがあります。決して従来の見方がいけないということではなく、さまざまな見方があることをぜひ知っていただきたいのです。だから歴史はおもしろいのです。複眼的思考によって、従来の価値観に縛られずに、自由に真実を追求する。それこそが「よろこびあふれる楽しい国」の学問なのではないかと思います。

五　遠い異国で王となった山田長政

はじまりは駕籠かき

秀吉が小田原攻めを行い、家康が江戸に移封された、その年に駿河国の清水に生まれたのが（諸説あり）、山田仁左衛門長政《やまだにざえもんながまさ》です。山田長政は、長じてタイに渡り、そこで国王の娘と結婚して、王子に次ぐ第三位の位を与えられて、アユタヤ郊外の日本人町の王となった人物です。

この山田長政は、まるまる庶民の出だったのですが、子供の頃から戦ごっこが大好きで、しかも用兵の仕方がとても上手だったそうです。そんな長政は、縁あって沼津の大久保のお殿様の駕籠《かご》かきとして採用になりました。

大名の駕籠かきというのは、万一大名の行列が襲われたときに、瞬時に状況を判断して駕籠に乗ったお殿様を安全なところに移動させなければなりません。白刃《はくじん》の下《もと》ですから、度胸があって、状況判断力にすぐれ、しかも重たい駕籠を担ぎますから、体力と持久力に、格別にすぐれていなければなりません。長政は、町民の出身とはいえ、お殿様の駕籠かきとして、抜群の才能をもっていたわけです。

ところが、尊敬している大久保のお殿様が、転封《てんぽう》になって上総《かずさ》の国に行ってしまう。本来ならばお殿様に付いて行かなければならないところ、もともと戦《いくさ》好きで武士になりたい長政は、思い切って職を辞して清水港に帰ります。

この頃清水港には、末次船《すえつぐふね》や角倉船《すみくらふね》と呼ばれる長さおよそ四十五メートル、幅八メートルの三百人乗りの大型船がたびたび立ち寄っていました。これらの大型船は、波風の荒い東シナ海や、暗礁《あんしょう》の多い南シナ海を乗り越えて、はるか南洋まで行って交易をする船です。

同じ時代、南洋から日本にかけては、イスパニアやオランダ、イギリスなどの交易船が現れて、しきりに地元の人達から収奪を働いていましたが、そんな外国の横暴に対して、日本の船は勇敢に、大量の鉄砲と抜刀術《ばっとうじゅつ》を用いて、現地の人を護り、また現地の人々とは常に公正な取引を行っていました。このため東南アジア諸国の国々も、日本人の船を歓び迎え、また日本の交易船がもたらす日本刀や扇《おうぎ》、硫黄《いおう》などをたいへん喜び、日本側では薬や染料、香料などを積み込んで、意気揚々と帰るといったことが繰り返されていました。

海を渡って傭兵になる

そんな船がやって来る清水港に帰った長政は、俺も海外に出ようとばかり、船に乗り込み、タイで津田又左右衛門《つだまたざえもん》が率いる日本人傭兵隊《ようへいたい》に加わります。

もとより体力気力、そして持久力に恵まれて、しかも才覚のある長政は、ここでまたたく間に頭角をあらわし、イスパニア（スペインのこと）の艦隊が二度にわたってアユタヤに侵攻してきたものを、大勝利のうちに追い払い、この功績でアユタヤ国王の王女と結婚をし、国王、王子に次ぐ第三位の地位を与えられ、さらにアユタヤ近郊に一万人の日本人が住む日本人町の王におさまります。

こうして山田長政は、まさに庶民から王へと大出世を遂げたわけですが、ここでタイの王室に、王位継承をめぐる争いが起きてしまいます。ひとりはアーティッタヤウォン王、もうひとりは父王の隠し子との噂のあるシーウォーラウォンです。前者は正統な王位継承者ですが、まだ幼い。後者は壮年であり実力もあるが正統性に疑いがある。山田長政は、断固として王位は正統であるべきとして、アーティッタヤウォン王に味方しました。しかし官吏らは実力のあるシーウォーラウォンに味方し、結果、山田長政は激戦地に左遷され、そこで矢傷を受けたところに毒を塗り込められて毒殺されてしまいます。

海洋族マインドと陸上族マインド

さてここは、たいへん重要なところです。山田長政はたとえ幼いといえども王位に正統性を求めました。ところが官吏たちは正統性が疑わしくても実力のある人が王になることを求めました。

実はこのことは、正義（ジャスティス）と、力（パワー）の問題です。

日本人である山田長政は、庶民の出身でありながら、国において必要なものは公正さであり、公正さは正義から生まれるという信念があったわけです。そうであれば、王がまだ幼いというならば、周囲の者がしっかりとこれを補う。そうすることで公正と正義を守ることが国家の基本であると考えているわけです。

一方、アユタヤの王室の官吏たちは、正統性よりも王に実力を求めています。つまり正義や公正さよりも、力を重視しています。

このことは、もともと海洋民族であった日本人と、陸上民族であった大陸の人たちの、基本的な思考の違いになります。

海洋族の場合、船長が未熟であれば、ベテランの船員たちがしっかりと補う。船は乗組員全員で動かしているのです。足りないところがあれば、他の者が補うのは当然と考えるわけです。つまり海洋族は「人の上下」よりも「船を動かす」という目的をたいせつにします。

また、船を正確に目的地にたどり着かせるためには、身分よりも正しい知識と経験がものをいいます。三万年以上の長きにわたって海洋族として過ごしてきた日本人は、のちに隋や唐の軍事的脅威の前に、国の形を海洋国家から稲作農業国家へと変更せざるをえなくなるのですが、それでも、もともと海洋族であった頃のＤＮＡをいまでも色濃くもっているわけです。そしてこのことが、山田長政の、「強い王」より、「正統な王」を推《お》すという行動になっています。

これに対し陸上族は、常にリーダーに実力がなければ全滅の危機に瀕《ひん》するという歴史をもちます。いま生きながらえているのは、強いリーダーのもとに団結して戦ってきたから、命があるのです。ですから、とにもかくにも勝たなければならないし、そのためには正義も公正もなく、強いリーダーのもとで国が強いこと、つまりリーダーの正統性よりも、リーダーが強いことが最優先になります。

要するに、山田長政は、民間の出でありながらも、日本人的な価値観を濃厚にもっていたことになります。そして日本人的価値観ないし、もともとの海洋族としての価値観が、結果として彼の命を奪うことになったわけです。

目をみはる日本水軍の強さ

ちなみにこの時代、大型船舶を駆使して大海原を自在に行き来したこうした人たちを、我が国では水軍と呼びましたが、当時の日本の水軍の強さは古来、圧倒的なものでした。

実は水軍と陸軍では、刀や槍《やり》の使い方からして異なります。たとえば刀を揮《ふる》うとき、陸上族は、刃を速く動かすことを優先します。日本刀で藁《わら》の束を抜き打ちざまに真っ二つに斬る様子は、YouTubeなどでたくさん紹介されていますが、ひとつの藁束を一回斬り、返す刀で二回斬れれば、かなりの練達者です。藁束の真ん中には竹が仕込んでありますから、これを一瞬で斬り抜くには、相当な刃のスピードが必要になるからです。

ところが水軍の刀の使い方は、これとはまったく異なります。足場の悪い揺れる和船の上に藁束を立て、それをフンフンフンと言いながら、六太刀《たち》、十太刀と一本の藁束を斬り落とします。一太刀で斬るだけでも大変なのに、どうしてそんなに何度も斬ることができるのかというと、藁に対して刃を鋭角に当てるのではなく、刃が当たる瞬間に刀を引いているわけです。包丁でいえば、堅い果物を切るときに、刃を垂直に押して切るなら、相当の力が必要になります。切りながら刃を引けば、切る速度は遅くなりますが、少ない力で果物を切ることができます。これと同じ理屈です。陸の上なら、下が地面ですから、足場がしっかりしている。揺れる船の上では踏ん張りが効かないから、その分、刀を引くことで、効果的に相手を斬るわけです。

ちょうど大航海時代にあたる十三世紀から十六世紀にかけて、我が国の八幡船《ばはんせん》と呼ばれる交易船が、半島からチャイナ、東南アジア方面までさかんに出かけていました。これらのことを倭寇《わこう》と呼ぶのは、コリアやチャイナの蔑称《べっしょう》で、実際にはちゃんとした民間の交易船です。

日本人は、まっとうな取引を常に願い、相手が取引に嘘を言うことを嫌います。嘘を言って代金だけを持ち逃げするようなことがあれば、日本人は刃《やいば》にものを言わせてでも、正常な取引を求めます。そして、西洋の不公正な取引をする船が東南アジア諸国にやって来たとき、八幡船に乗る日本人が断固、不公正な取引を許しませんでした。

このため、東亜諸国の人々は、常に真面目で勇敢な日本人の奮闘を、心からたのもしく思っていたと伝えられています。

ではそのように真面目で勇敢な日本人の交易船が、なぜ倭寇《わこう》と呼ばれたのかというと、日本人が強い、日本の八幡大菩薩《はちまんだいぼさつ》と書かれた幟《のぼり》を立てた船が、現地の人々に信用があって、どこの港でも歓迎してくれる。それだけでなく、現地の人々が日本人の武力を恐れているという、このことを利用して、コリアンやチャイニーズの強盗団が、船に八幡大菩薩の幟を付けて、コリアから福建に至る沿岸部を荒らし回ったのです。そしてこの悪事のすべてを日本人の「せい」にして、これを倭寇と呼びました。

ちなみに倭寇に対して、元寇という言い方がありますが、元寇は明治の初めまでの日本にはなかった呼び方です。この事件は、もともとは「蒙古襲来《もうこしゅうらい》」と呼ばれていました。ところが明治以降、日本人が半島や大陸に進出するようになると、彼らは自分たちが行った沿岸部での強盗行為を、すべて日本人がやった倭寇であるとして、捏造《ねつぞう》した歴史で日本人に対して優位に立とうとする言動が目立ったのです。そこで明治の人々が「日本人が倭寇をしたというのなら、君たちだって元寇をしたではないか」と言い返したのが、実は元寇という言葉の由来《ゆらい》です。

さて、こうして八幡船が開いた日本の庶民の海外発展心も、江戸幕府が国内の太平をたもつために、やがて国を鎖《とざ》すに及んで、悔しくも散ってしまうのです。

第四章

江戸時代の庶民の姿

一　文化を創ろう江戸の町

うなぎの蒲焼き

猛暑を跳ね返す食事といえば、うなぎの蒲焼《かばや》きですね。不思議なもので、うなぎを食べると食べ終わった直後からなにやら目がシャキッとして、視界も明るくなるし、それまで暑さでうだっていた身体が元気になります。そんなことから我が国では古来、七月の土用《どよう》の丑《うし》の日にうなぎを食べる習慣があります。

この日にうなぎを食べる習慣の由来は江戸の発明家の平賀源内《ひらがげんない》で、商売がうまく行かない鰻屋《うなぎや》が、夏に売れないうなぎを何とか売るにはどうしたらよいかと源内に相談に行ったところ、「本日丑《うし》の日」と書いて店先に貼ることを勧めた。するとその鰻屋は大繁盛して、ほかの鰻屋も真似るようになったのだそうです。

我が国でうなぎを蒲焼きにして食べるようになったのがいつ頃からはじまったのかは、

よくわかりません。万葉集では大伴家持が戯《ざ》れ歌《うた》に、「夏痩《なつや》せに、よしといふもの、鰻《うなぎ》とり食《め》せ」と詠《よ》んでいますから、相当古くから食べる習慣はあったのでしょう。もっとも食べ方は、もっぱら白焼きでした。大伴家持の時代は、まだ醤油がなかったからです。

うなぎを串焼きにして食べることが普及したのが、家康の江戸城の普請《ふしん》のときでした。当時の江戸は広大な湿地帯で、満潮になると海になってしまうようなところでしたから、そこにたくさんの野生のうなぎがいたのです。全国から集められた土木のための作業員たちは、丘や山を崩して盛土して、そこに巨大な城と町を築きました。当時は建設重機などありませんから、土木作業は全部人力《じんりき》の手作業で、とてもスタミナを使う仕事です。そこで城普請《ぶしん》の人足《にんそく》さんたちが、貴重なタンパク源にしたのが、精のつくうなぎだったわけです。

ところが、精のつくうなぎも、「白焼き」という呼び方では、お城を焼く「城焼き」みたいでゲンが悪い、ということで、串に刺したうなぎに醤油を塗って蒲焼きにするようになったのです。

醤油の起こり

日本初の醤油屋さんが誕生したのが、織田信長が生きた時代の一五八〇年頃のことです。紀州（和歌山県）の湯浅にはじまり、一五八八年には、紀州から百石《こく》（約一万八〇〇〇リットル）の醤油が大坂に送られたという記録が残っています。醤油はまたたく間に大坂町人の間に普及していきました。

江戸では、三河《みかわ》（愛知県）を居城にしていた家康が江戸に入ったのが一五九〇年、それまで小規模な平城《ひらじろ》だった江戸城を巨大な城塞《じょうさい》にする工事がはじまったのが一六〇三年のことです。お城が完成したのが一六三七年ですから、三十四年に及ぶ大事業だったわけです。

そしてこの工事の指揮をとった職人の親方たちの多くは、大坂からやってきた人たちでした。そしてこの親方たちによって、関東に醤油が持ち込まれるわけです。当初は、醤油は上方《かみがた》（関西のこと）で普及していた薄口醤油が用いられていました。これは大坂から運ばれることから「下《くだ》りしょうゆ」と呼ばれました。

けれど、大量に消費される醤油を、毎回大坂から運ぶのでは手間がかかってしかたがない、ということで、関東でも醤油がつくられるようになります。そしてこちらの醤油は、城普請《しろぶしん》の土方仕事で大量の発汗への対応から、「下りしょうゆ」よりも見た目も味も濃い「濃口醤油」になり、江戸城普請や町方で珍重されました。

さて、江戸の職人さんたちとともに発達したうなぎの蒲焼きですが、うなぎが出前のときに冷めないようにと、どんぶりにフタがかぶせられるようになり、ここからうなぎを「重箱」で食べる習慣がはじまっています。こうして食べられていたうなぎは、ずっと野生のうなぎだったのですが、これが養殖されるようになったのは、つい最近のことで、明治二十四年（一八九一年）になってから。場所は静岡県の浜名湖が最初です。

びくともしない城の石垣はこうしてつくられた

さて、うなぎが江戸城普請の際のスタミナ食だったというお話をしたのですが、城の普請に不可欠なのが巨石を用いた石垣つくりです。熊本で地震が起きたとき、四百年前の戦国時代に築かれた石垣はなんともなかったのに、現代になってから積まれた石垣は、いとも簡単に地震で崩れたということがありました。なんと戦国時代のほうが石垣づくりのノウハウがあった、ということなのですが、その戦国時代、全国の石垣を、どのようにして積み上げていたのかというと、実は、昆布《こんぶ》が用いられていました。

昆布に含まれるアルギン酸やフコイダンという成分は、水に濡れるとヌルヌルとする性質があります。この性質を使って、木枠で造ったレールの上に濡らした昆布を敷き、その上で巨石をツルツルと滑《すべ》らせて昆布を石組みの高いところまで持ち上げます。その巨石をすでに積んだ石組みの上に乗せるのですが、このときやはり石組みの上に濡れた昆布を敷くと、上に載せた巨石がツルツルと滑って、軽い力で動かすことができる。そして最も安定するところを見つけて、巨石を定着させるわけです。日にちが経つと昆布は溶けてなくなります。そして石垣はガッチリと組み上がる、というわけです。自然のものを利用する術に長《た》けていたのですね。

江戸の役割語

江戸城の普請の際に、同時につくられたのが江戸の町です。このとき道路を微妙に曲げることで、江戸の町に敵が攻め込んでも、道を進んでいるうちに、どっちに向いて進んでいるのかわからなくなる、などという工夫も凝《こ》らされました。こうした大規模な土木や建設の工事に際しては、家康の時代には大坂から大勢の技術者が雇われました。

それら技術者たちは、もちろん大坂弁ですから「そうじゃ。ワシはのぉ、〇〇じゃ」といった言葉づかいをします。このため、いまでもすっかり偉い人の言葉づかいは、「〇〇じゃ」が定番になっています。これを「役割語」と言います。

武士であれば、「かたじけのうござる」

町人男であれば「へい、合点《がってん》承知でさあ」

町人女であれば「あいよ、わかったわよ」

農家であれば、「へい、さいでございますだ」

などといったものが役割語です。

粋《いき》で鯔背《いなせ》な江戸の町人文化

また江戸城普請に際して行われたのが、「江戸っ子文化」の構築です。喧嘩《けんか》っぱやくて、べらんめえ調で、気《き》っ風《ぷ》がよくて、あっさりしていて、いつまでも禍根《かこん》を引きずらない。

大久保彦左衛門《ひこざえもん》に可愛がられた魚屋の一心太助《いっしんたすけ》が大暴れして、みんなが拍手喝采を送るような、そんな粋《いき》で鯔背《いなせ》な江戸の町人文化は、家康公が江戸に町を築いたときに、これを江戸の文化として、そのような方向に江戸の町を育てようとして、意図して生まれた文化です。

粋《いき》というのは、さっぱりしていて、気っ風がよくて、あかぬけしていて、清潔感があって、ちょいと色気も漂っている、男女を問わず、そんな様子を言います。

鯔背《いなせ》というのは、威勢がよくて勇《いさ》み肌《はだ》で、後腐《あとぐさ》れがなくさっぱりしている様《さま》を言います。

どんな時代にも、活発な人もいればそうでない人もいる。その中で、どのような人や、どのような文化にスポットライトを当てるかによって、文化の方向が決まります。文化は築くものなのです。何もしなければ、ただの混沌（カオス）状態になります。いまの日本そのものです。

日本独特の話芸文化

落語に講談に浪曲といえば、日本の三代話芸です。

このうちもっとも古いのが浪曲で、もともとは平家物語で有名な琵琶法師《びわほうし》の語りが原型になっていると言われています。

この琵琶法師の語りが、江戸時代には浄瑠璃《じょうるり》や説経節《せっきょうぶし》、祭文語《さいもんかた》りとなりました。浪曲がいまのような三味線《しゃみせん》と語りの二人一組になったのは、明治初期に大阪で浪花伊助《なにわいすけ》が開発した手法で、これが大受けして演者の名前から「浪花節《なにわぶし》」と呼ばれるようになりました。戦前には二代目広沢虎造の任侠《にんきょう》ものが爆発的人気となり、また戦後には浪曲を歌謡曲と融合させた三波春夫などが出ています。

講談は、三味線の伴奏なしの語りだけで行われるもので、その歴史は戦国時代にさかのぼります。大名たちが軍議を凝らすときには、軍議の前に講談師を呼んで一曲歴史ものを語ってもらい、全員の意気が揚々となったところで、「いざ軍議」となっていたのだそうです。

浪曲は「謡《うた》い」で、唸《うな》るものとされてきたのに対し、講談の語りは、講談を「読む」と言います。そのため講談は目の前に台座を置いて、原稿を読みながら、それを演じるという仕様になりました。江戸時代の中期頃までは「講釈」と呼ばれ、話し手のことを「講釈師」と言いました。「講釈師、見てきたような嘘を言い」などいう川柳がその頃に詠まれたりしました。江戸末期から、テレビがなかった時代（昭和の中頃）にかけて、浪曲や講談は、まさに大人気で、人気のある浪曲家や講談師は、ときに一日で千両を稼いだといいますからすごいものです。

落語は「オチ」のある話として元禄頃に京都の四条河原で行われていた辻噺《つじばなし》が江戸に伝わって、江戸の銭湯の二階の休憩所などで座敷噺《ざしきばなし》となり、文化文政年間に客を寄せる小屋で行われる寄席《よせ》が立ち並ぶようになって現代に至っています。ちなみに文政末期には江戸に百二十五軒もの寄席小屋があったといいますから、人気のほどが偲《しの》ばれます。

これら浪曲、講談、落語などは、いずれも話芸《わげい》と呼ばれ、話し手の口先で演ずるところから、そのお話は「口演《こうえん》」とも呼ばれます。言葉と話しぶりだけで、これを演劇にしてしまうという文化は、実は日本独自のもので、世界にはあまり例がありません。日本語のもつ語彙《ごい》の広さや、日本語の特徴である、引っ張って引っ張って、最後に結論が来るといった特徴が、こうした民間文化を発達させてきたものと思われます。

庶民が描いたフルカラーの浮世絵

日本の庶民文化の特徴のひとつとして絶対に外せないのが浮世絵です。絵画の文化は世界中にありますが、我が国の場合、それが庶民文化として発展したところに大きな意味があります。

たとえば西洋においては、多彩かつ写実的な古典絵画が数多く遺されていますが、これらを保護したのは、宗教施設であり、財力のある貴族たちでした。それらは壁画や人物画となっていまでも数多く遺されています。

日本でも、飛鳥時代、奈良時代、平安初期の絵画は、壁画や仏教画として極彩色《ごくさいしき》の絵画が遺されていますが、実は極彩色の絵画を描くためには、さまざまな色の顔料が必要になります。ところが我が国では、この顔料がきわめて高価なものであったために、室町期あたりまでは、西洋と同じように財力・資力のある寺院や大名等の庇護《ひご》のもとでしか、極彩色の絵画を描くことが困難であったといわれています。このため、もっぱら墨絵のような単色で民間での絵画が広がりました。雪舟《せっしゅう》といえば水墨画で有名ですが、彼が本当は極彩色で絵を描きたかったことは、彼の絵画で丹頂鶴などが、頭部にだけ朱が入れられていることでも明らかです。

これが戦国期になって海外との交易が盛んになり、国内でさまざまな植物由来の彩色が工夫されることで、洛中洛外図《らくちゅうらくがいず》のような屏風絵《びょうぶえ》が盛んに描かれるようになりました。

ところが江戸中期に、そうしたフルカラーの絵画が版画になることで浮世絵となり、絵画が多数印刷されて、市中に出回り、版画となった絵画を庶民が楽しむ文化が生まれます。

こうして版画となった美人画、役者絵、名所絵などは、版元《はんもと》、絵師《えし》、彫師《ほりし》、摺師《すりし》の四者の合作による木版画で、一枚の絵画を色ごとに複数の木版画にすることで、紙にフルカラーの絵画を印刷したものです。

おもしろいことに、新聞紙がカラー印刷になったのは、平成になってからのことですが、実は江戸のかわら版や、明治初期の新聞は、こうした木版画を利用したフルカラーの新聞でした。西洋から凸版《とっぱん》印刷の技術が入ることで、明治中期から昭和にかけて、新聞はもっぱら白黒になりましたが、一度に印刷する量を別とすれば、少なくとも仕上がりの見栄《みば》えからすれば、西洋技術を導入したことで、文化が江戸時代よりも「かなり後れてしまった」といえるかもしれません。

西洋をはるかに超えた日本の庶民文化

さて、この浮世絵は世界にたいへん大きな影響を与えました。西洋では、たくさんの日本製の陶器や磁器が貴族の間で高額で取引されていました。陶器や磁器は、チャイナ製のものと日本製のものがありましたが、日本製のものは品質がよくてたいそう喜ばれたと言われています。これら陶器や磁器は、搬送中に割れないように緩衝材として丸めた紙が用いられたのですが、このとき、不用となった浮世絵が緩衝材として数多く用いられました。そしてどうやら、そこに描かれたデフォルメされた絵画に、西洋の画家たちが大ショックを受けるのです。

なんと海の彼方《かなた》の日本では、画家たちは貴族や寺院の言いなりになって絵を描くのではなく、画家自身の自由な発想で、絵画の表現をしている、というわけです。これに大きな影響を受けたのがゴッホで、彼は日本の浮世絵を、その周囲に描かれた文字まで模倣した絵を書き残しています。

こうして画家たちが自由な発想で絵を描くということが、西洋画に新たに印象派と呼ばれる新しい画風を呼びました。

ほかにも西洋よりもはるかに進んだ高等数学を行っていたのが関孝和《せきたかかず》です。しかし、関孝和だけが数学をしていたわけではなくて、農民町民から武士に至るまで、高等数学が楽しみとして、また学問として広く一般庶民の間で親しまれていたり、あるいは地理の分野でもきわめて正確な測量が行われていたりと、我が国の文化は、大金持ちや貴族たちの庇護ではなく、民間の活力の中で行われてきたということは、日本人にとって誇らしい歴史であろうと思います。

中でも哲学を実学にまで高めた江戸の商人道は、日本の誇るべき庶民の歴史と呼べるものです。

二　江戸の世に開かれた商人道

日本における商人道のはじまり

松下幸之助《こうのすけ》といえば、商売の神様とまでいわれた人ですが、その松下幸之助が生涯にわたって学びかつ尊敬した人がいます。それが石田梅岩《いしだばいがん》で、貞享《じょうきょう》二年（一六八五年）の生まれの、江戸中期の人です。京都府亀岡市の出身で、名前は興長《おきなが》で、通称は石田勘平といいます。「石門心学《せきもんしんがく》」と呼ばれる日本の商人道の開祖です。

石田梅岩が「都鄙問答《とひもんどう》」を著したのは、元文四年（一七三九年）のことです。元禄バブルが崩壊し、有力商人が相次いで追放や財産没収となり、世の中が不況に沈んだとき、「商人の売買は天の佑《たす》け」「商人が利益を得るのは、武士が禄《ろく》をもらうのと同じ」と述べて、商行為の正当性を説きました。

◎自分が儲かり、相手が損をするというのは本当の商《あきな》いではない。

◎お客様に喜んで、納得して買ってもらおうとする心をもって、商品には常に心を込めて気を配り、売買して適正利潤を得るようにすれば、福を得て、万人の心を案ずることができる。
◎商人の道を知らなければ、むさぼりによって家を滅ぼす。商人道を知れば欲を離れ、仁の心で努力するため道に適《かな》い栄える。
こうした教えを商人の道としたのが石田梅岩です。

吃音だから人一倍がんばる

石田梅岩は、農家の次男坊の生まれです。昔は長男が跡を継ぎますから、次男坊以下は家を出なければなりません。梅岩は十一歳で呉服屋に丁稚《でっち》奉公に出て働きました。

梅岩は、後年、江戸時代を代表する市井《しせい》の大学者となる人ですが、子供《ども》の頃はひどい吃りだったという説もあります。なるほど吃りの子供は、人との会話についていこうとしても、のど元に言葉がひっかかって声がうまく出ません。ようやく言葉が出る頃には、話題は先に進んでいてタイミングがずれるので会話についていけない。なので吃りの子供は、

「なぜ、どうして」と一生懸命に考える傾向があるといいます。もっとも考えるといっても、まだ幼くて知識が足りない頃には、不完全な解釈しかできません。不完全な解釈は崩壊しがちですから、再びまた深く考えなければならない。そうやって、いろいろな物事をなんとか解釈しようとする。そんなふうに育つことが多いからです。

幼い頃の梅岩は、一生懸命奉公し、休みの日も持たずに働きどおしでした。ところがその奉公先が倒産してしまいます。給金ももらえない。やむなく梅岩は、二十三歳のときに、いったん実家に帰ります。そして、職を求めて、再び京都へ出て、呉服商の大店《おおだな》の黒柳屋に奉公することになりました。

ここでも梅岩は、休みもとらず、外に遊びに出ることもせず、ただ黙々と真面目に働きました。梅岩があまりにも真面目に働くので、奉公先のおばあさんが、「たまには外に出かけてみたら」と夜遊びをすすめた、という逸話も残されているほどです。

こうした生真面目《きまじめ》な姿は、一時的には「真面目すぎる」と不興《ふきょう》を買ったりもしますが、長い年月のうちには必ず高く評価されるものです。梅岩は、中途採用者であったにもかかわらず、番頭にまで昇格しました。それは、店を取り仕切っていた女主人の臨終の床での言葉にもあらわれています。

「勘平（梅岩）の将来を楽しみにしていたのに、それを見ずに死ぬのは残念だ」

梅岩は、そこまで店から信用され、信頼される人間に育っていったのです。

ところが、彼が出世したとなると世間には、根も葉もないことを言う者があらわれます。

「勘平（梅岩）は、この家を乗っ取ろうとしている」

「勘平（梅岩）は、ゴマすり男だ」等々です。

普通ではありえない出世をしたとなれば、陰口を言われるのは、いつの時代も同じです。

彼は、孤独を癒す心の支えのために、暇をみては、神道や四書五経などを学びました。

そうしていつしか、「自分とは何か」、「人はいかに生きるべきか」などと、真剣に考えるようになっていったといいます。

早朝、仕事が始まる前に、夜明けの薄明かりの中で窓辺に向かって本を読みました。夜も、みんなが寝静まったあとに、一生懸命本を読みました。そして考え続けました。

享保の倹約令の誤り

時は元禄時代、江戸時代全体を通じて、もっとも経済が発展した時期です。とりわけ商業の中心地であった関西は、経済がもっとも華やかで、商人たちは好景気のもとで、まさにバブル前のような豊かさを満喫していました。

有名な大坂の豪商・淀屋辰五郎《よどやたつごろう》が出たのも、この時代です。淀屋辰五郎は、室内の天井をガラス張りの水槽にし、頭の上で金魚が泳ぐのを見て楽しんだそうです。そんなことができるほどの巨利巨富を得ていたわけです。そしてあまりに贅沢三昧《ぜいたくざんまい》をしているというので、幕府によって闕所《けっしょ》という財産没収の処分を受けました。

このとき没収された財産がすごいのです。金十二万両、銀十二万五千貫（小判に換算して約二一四万両、現在の金額に換算して約一三〇〇億円）、北浜の家屋一万坪と土地二万坪、そのほか、材木、船舶、多数の美術工芸品、さらに諸大名への貸付金が銀一億貫（現代の金額に換算しておよそ百兆円）です。これが個人資産です。いったいどれだけのお金持ちだったかということです。

贅沢は禁止となり、八代将軍徳川吉宗の時代になると、享保《きょうほう》の改革の倹約令によって、経済はいっきに減速しました。もともと元禄バブルが崩壊して経済が失速していたところに増税を行い、さらに徹底した緊縮財政を行ったのです。いまでいったら、デフレーションが起きた。これによって徳川家の家計はある程度回復するのですが、国の経済は破綻状態となります。

経済政策に家計の発想を持ち込むな

少し脱線します。経済は「経世済民《けいせいさいみん》」を略した言葉です。

経世済民こそが国家の政策の根幹であり、国の政治の目的です。ここは大事なところで、企業は利益を目的としますが、国は利益を目的としません。なぜなら国は、民が豊かに生活できるようにすることを使命とするからです。ですから企業が行うのは「経営」です。国が行うのは経世済民（これを短縮して経済といいます）です。

江戸時代に国政を担った徳川家は、武門の棟梁であり、将軍家であり、国の政治を司《つかさど》りました。しかし徳川家そのものは「家」です。家は、入りを増やし出を制して資産を殖やし、家を存続させようとします。つまり家が行うのは「家計」であって「経済」ではありません。「家計」に「経世済民」という目的はありません。あくまでも自分の家の保持が目的です。

享保の改革が起こした問題は、この「家計」思考を、国政に持ち込んだところにあります。つまり家を黒字化させることを目的にしたわけです。ですから年貢を増やし、支出を削りました。ところがこれをやると、年貢を増やされ（増税）、公共工事などの財政出動が抑えられるので（歳費削減）、結果、国にお金がまわらなくなり、経済は一気に沈滞します。ただでさえ景気が悪いところへ、享保の改革なんてやられた日には、日本経済は急ブレーキを踏んだ状態になって失速します。つまりデフレが起きたのです。

ところが、これを実施して経済の大失速を招いたはずの将軍吉宗や、その改革の手伝いをした大岡越前《えちぜん》などは、いまでも庶民の間にたいへん人気があります。なぜでしょう。

理由は明確です。

享保の改革は質素倹約を目的としましたが、後半においては、一度吸い上げて徳川家を富ませた経済力をもって、一気に新田開発や治水工事などの大規模公共工事（土木工事）を盛んに行ったのです。つまり大規模財政出動です。

そして一七一六年にはじまる享保の改革の最後の仕上げが、二十年後の一七三六年に行われた「元文《げんぶん》の改鋳《かいちゅう》」です。これは通貨の供給量を一気に増やすという政策でした。つまり国内の通貨の流通量を一気に増やしたのです。これを「リフレーション（通貨膨張）」といいます。これによって、糞詰《ふんづ》まりになっていた享保年間のデフレが弾《はじ》け飛び、折からの開発した新田からの大量の食料供給も相まって、国内の景気が上昇し、みんなが腹一杯食える時代が到来しました。そして世の中は、文化文政の江戸文化がもっとも江戸時代らしく華やかに花咲く時代となったのです。

こうしたしだいから、将軍吉宗にしても、大岡越前にしても、いまだに庶民の味方と言われています。ちなみに将軍吉宗の治世である享保年間は二十年続いたのですが、この二十年間に江戸の伝馬町の牢屋に収監された囚人の数はゼロです。役人たちが仕事をサボっていたからではありません。犯罪は起きてしまえば被害者も加害者の家族も、みんなが不幸になります。だから犯罪の発生そのものを、真剣に国をあげて予防したのです。これだけの素晴らしい民度と治安の実現ができたのも、享保年間でした。

聴講無料、出入り自由

さて、「元文の改鋳」が行われた少し前の享保二十年（一七三五年）。世の中は不況に打ち沈み、幕府は改革と称して次々に政策を出すものの、一向に出口の見えないデフレに、まだまだ国内が沈んでいた頃、石田梅岩は、曹洞宗《そうとうしゅう》の禅坊主の小栗了雲《おぐりりょううん》と出会いました。

小栗了雲の影響を受けた石田梅岩は、長引く不況に沈む世間の中で、「自分にできる何か」を真剣に考え続けました。そして彼は四十五歳で店を辞め、京都の高倉通り錦小路上ルにあった借家で、無料で学問講座を開きました。

無料講座は、毎日続けられました。無料ですから、収入なんてありません。たまに寄付と称して差し入れをいただけるくらいです。あとは自分の蓄《たくわ》えからの持ち出しばかりです。なにせ、「聴講無料、出入り自由、女性もどうぞ」というのです。

人が集まれば、経費もかかります。けれど収入はない。梅岩は、その間、蓄えも失って、土方《どかた》のアルバイトなどもしています。もともと商人です。土方仕事は相当こたえたことと思います。けれど、生来の生真面目さで、愚痴も言わずやりました。

土方をしながらも、梅岩は私塾を続けました。町民である商人が人として生きる道や、人として本当に正しいことは何かなどについて、儒学や歴史、朱子学、陽明学、仏教、神道など、さまざまな教えをひいて、あらゆる階層の人に、その思想を説き続けました。

分《わ》け隔《へだ》てない彼の講座は連日大盛況になりました……と言いたいところですが、実際には世の中そんなに甘くありません。

生徒も集まらない。当然、寄付寄贈も集まらない。ただ貧乏になっただけではありません。貧乏なだけなら、土方仕事をすれば、自分の飯だけは食うことができます。しかし梅岩は中傷されたのです。

「たかが元商人の農民ふぜいが人の道を説くとは言語道断」

「石門学は、儒学か、朱子学か、陽明学か、仏教か、ただのいいとこ取りのインチキ学ではないのか」

「ただきれいごとをならべているだけの金儲屋《かねもうけや》」

などと、既存の学派の人たちから激しい非難を浴びてしまうのです。そのために多くの生徒が梅岩のもとを離れ、生徒を新たに集めても、中傷や非難によって去っていくのでした。

ある日、講義の出席者がたった一人という日がありました。その受講生は、恐れ入って帰ろうとした。梅岩はそれを押しとどめて、こう言ったそうです。

「私はただ机に向かってひとりで講義することもあります。君ひとりがいれば、それだけで十分です」

それが梅岩の覚悟でした。梅岩は、ひたむきに毎日講義を続けました。このひたむきな姿勢こそ、まさに石門心学の原点といえるものです。

石田梅岩は、六十歳で生涯を閉じました。彼が私塾を開いてから、わずか十五年です。その梅岩が、最初の本『都鄙問答』を著したのが元文四年（一七三九年）。彼が私塾を開いてから、十年目にさしかかろうというときでした。世の中の常識を超えた新しいことをしようとしたとき、天がその訓練として最初の苦難を与える期間が、およそ十年なのかもしれません。

梅岩の石門心学は、多くの子弟を育て、彼の死後も日本の伝統的な商人の在り方となりました。そして日本の商人道は、石門心学という学問を得ることで、武士道精神同様の高い精神性をもつ「道」となって江戸時代を駆け抜け、明治大正を生き抜き、そして松下幸之助を育て、日本の近代化に大きな貢献をしました。もし江戸中期に、「嫌われ者」の石田梅岩が現れなければ、日本の商人は、というより、現代社会の日本企業は、これだけ世界から信頼される企業にはならなかったかもしれません。

正しいと信じたら、それが人の道に外れていないと信じる道ならば、何があっても、信念を貫き通す。それがかつての日本人の生き方だったのです。

梅岩自身が考え世に問うた学問

梅岩の教えとはどんなものでしょうか。

一、学問は、人生を悔いなく生きることを目的として学び修行するものである。

二、「学ぶ」ということは、「あるべき」日常生活を知ることである。

三、商家は、家業を続けることで、天下の泰平を助け、万人の福祉に奉仕するものであり、それが商売の本質である。

四、世間の人々は、自分の利益だけを考え行動するのではなく、相互扶助、相互信頼の心をもって暮らさなければならない。

五、相互信頼の心がけは、心学社中の相互間だけでは駄目で、その思想を社会のありとあらゆる人々に対して働きかけなければならない。それが行動であり、その行動は勤勉、倹約、布施《ふせ》という形をとる。

これは『都鄙問答』の抜粋を現代語訳したものです。この本は梅岩が五十五歳のときの書ですが、明治維新まで百三十年間にわたって版を重ね、明治以降も十四種類が公刊されています。

アメリカの社会学者ロバート・ベラーは、『TOKUGAWA RELIGION』（邦訳『徳川時代の宗教』）という本の中で、有色人種国家で唯一近代化に成功した日本の成功の要因を分析し、そこで石田梅岩の石門心学による影響を大きく取り上げています。以下は、そこで紹介されている石門心学の理念です。

商売の始まりは、余りある品と不足な品とを交換して、互いに融通し合うものである。そのためには、正確な勘定と正直な取引が必要である。良い品を、適正な値段で売れば、買い手も安心し、売り手と買い手の相互の信頼が生まれる。それだけでも住みよい世の中になる。だから正確、正直な商売をして大いに儲けることは、欲心ではない。

（中略）

人を騙《だま》して儲けるのが商人ではない。商人は、右のものを左に移しただけで利を取るものではない。商人が利益を得るのは、武士が禄をうけるのと同じで、「売利ナクバ、士ノ禄ナクシテ事フルガ如シ」であり、売利を得るには、心構えと基準が大切である。

心構えとは、品物の品質と値段に「真実」を尽くすことであり、買い手の身になって売る思いやりが、商人にとっての真実であり、この「真実」こそが商人の生命である。商人が悪いというならば、百姓か職人に転業するほかあるまいが、それでは財宝を通わすものなく、天下万民が難儀する。すなわち、一家を治めるのも、一国を治めるのも、仁をもととし、義を重んじなければならない点では同じなのであって、商人も、ささやかな仁愛を捧げ、国の役に立つことが本義である。

飢えた人を救うのは人の道であるけれど、商人もまた、その心がけがなくてはならない。商人に俸禄を下さるのは、買い手であるお得意様なのだから、商人はお得意先のために真実を尽くす。真実を尽くすためには、倹約を守って、これまで一貫目かかった生活費を七百目で賄い、これまで一貫目あった利益を九百目に減らすよう努める。贅沢をやめ、普請好みや遊興好みを止めれば、一貫目の利益を九百目に減らしても、家は立派に立っていく。

石田梅岩の思想は、なるほど儒学、朱子学、陽明学、孔子、孟子などのいいとこ取りに見えるかもしれません。しかしよく読めば、石田梅岩自身が自分の人生を通じて体験し、彼自身が考え、世に問うた学問であることがわかります。

日本には、世界に誇る商人道があります。そして日本の商人道は、胸を張って大物顔するようなものではなく、どんな境遇にあっても、日本人として誠実に生きる、そういう生き方の道であり、庶民の生きる道でもあったのです。

三　貧農史観という嘘

意外と豊かだった江戸期の農民

江戸時代の農民は、「四公六民」とか「五公五民」とかという過酷な年貢の取り立てを受けて、相次ぐ自然災害と凶作、飢饉で貧困にあえいでいたというのが、いわゆる「貧農史観」と呼ばれるものです。教科書によっては、「そのために農民は、むしろ旗を押し立てて、百姓一揆《いっき》や打ちこわしをしていた」などと書いています。このため現代日本人はなんとなく「江戸時代の農民＝いつでも死にそうなほど貧困にあえいでいた人々」といった漠然とした印象をもっているようです。

しかし、もしそうであるならば、どうして村祭りができたのでしょうか。あるいは里《さと》神楽《かぐら》とか、農村歌舞伎のような、祭りの際の芸能が発達できたのでしょうか。お祭りでは神輿《みこし》を担《かつ》いだり、地方によっては、屋台を引いたりします。また、正月などには獅子舞《ししまい》が行われたりします。その御神輿や屋台や獅子舞の獅子は、たいてい金ピカに飾られています。いまでこそ、その飾りは真鍮《しんちゅう》のハリボテの偽物《にせもの》ですが、昔は金箔《きんぱく》が使われていました。誰がその資金を負担したのでしょうか。村の鎮守様の建物は、耐久年数が普通に百年くらいありました。いまの建築物は二十五年〜三十五年です。五十年経ったらボロボロです。古民家は、いまでもあちこちに飾られていますが、それらはいずれも二百年近く経って、いまなお健在です。それだけの建築物を建てる費用は、どこの誰が負担したのでしょうか。

いまではすっかり住宅街になっている土地も、ほんの数十年前までは田んぼや畑だったところです。その土地は誰が開墾したのでしょうか。河川の堤防も、いまある堤防の多くは江戸時代に築かれたものです。誰がそれを築いたのでしょうか。

江戸時代までの農民は、本当に貧しかったのでしょうか。

江戸時代、伊勢神宮に参拝する人の数は、年間五〇〇万人に達したそうです。当時の人口が二五〇〇万人くらいです。つまり五人に一人の割合で、全国規模でお伊勢参りが行われていたのです。しかも毎年のことです。

ほかにも、金毘羅《こんぴら》参り、京都見物、温泉場での湯治《とうじ》なども盛んに行われていました。そういうことができるだけの経済力が、国民の九割を占める農家にあったのです。

そうした旅に出るとき、江戸時代の人々は、襟元《えりもと》に小判一両を縫い込むのが習慣でした。小判一両は、いまの六万円くらいに相当しますが、電気も携帯もなかった時代です。購買力からすれば、いまの十万円以上のお金になります。その小判は、もし旅先で万一のことがあったときは、そのお金で医療や、火葬、お骨の自宅への送付などをしてくれ、という、いわば礼儀です。そんなことができる日常の、どこが貧農なのでしょうか。

士農工商という身分制度の嘘

士農工商という用語はもともと中国社会の用語です。日本の身分制の用語として開発された言葉ではありません。むしろ我が国では、貴族（お公家さん）、武家、農家、町民（商人、職人など）に寺社を加えたものが、実際の姿に近いといえます。

この上に天子さまがおいでになります。それが「皇《すめらぎ》」です。貴族と武士は、昔で言う「臣」にあたります。農民・町民は「民」です。

武士には、所領をもつ武士である「給足《きゅうそく》」と、俸禄《ほうろく》武士である「無足《むそく》」がありました。

これは貴族も同じで、貴族にも給足と無足がありました。所領をもって地域を管理監督し、所領内の天変地異を含むあらゆる事態に責任をもつのが「給足」です。土地や地域の管理権をもたず、所属長から俸禄をもらうだけの者が「無足」です。

農民にも、土地を所有している地主と、地主から土地を借りて耕作している小作の区別がありました。税を納めるのは地主の仕事で、小作は地主に米や野菜などを納めました。税は農民の場合は、米で支払いました。それが「年貢《ねんぐ》」です。なぜ年貢が米なのかといえば、米は野菜と違って備蓄が可能だからです。

ですから、税として納められたその年の年貢米は、貴族も武士も寺社も、当該年度に新米を食べることはできませんでした。前にも述べましたが、新米は常に二年分備蓄され、俸禄は、三年目の古々米で支払われました。天然の災害が多い日本では、万一の災害のために食料を備蓄しておかなければ、みんな飢えて死んでしまうからです。

こうして災害時に武士や貴族や寺社が、被災地の人たちに放出するのが、「お蔵米の放出」です。武士も貴族も寺社も、天然の災害が起これば、都度、知行地（シラスを行う地）の被災者たちの面倒をみるのです。

機能していた農民による自治

農家では、年貢を納めるのは地主さんの役目です。地主さんの多くは、庄屋さんとなっていました。庄屋さんがいて、その下に地主さんがいて、その下に土地を借りて耕作をしている農民がいました。

年貢はお米で納めますが、人間、お米ばかりを食べているわけにはいきませんから、それ以外のさまざまな畑作物は、庄屋さんを中心にそれぞれの農民が、作付けを分担して行いました。つまり地主である庄屋さんを中心に、そこにある土地を最大限有効活用するという仕組みが出来上がっていたのです。そして田植えや稲刈り、茅葺《かやぶき》屋根の葺《ふ》き替えなど、大勢の力が必要な行事もまた、庄屋さんを中心にみんなで話し合って行うという暮らしが、ずっと続けられていました。

この庄屋さんのもとには、村の鎮守様があり、そうした村々が集まって邑《くに》が形成されました。そして邑全体の中心となる神社が（おおむね高台に）置かれ、その神社には、毎年奉納米としてお米が届けられました。

神社ではそのお米を二年保管して飢饉《ききん》や凶作に備えました。そして戦後にGHQが解体するまで、神社は村や邑の共有財産でした。人々は、信仰は仏教のお寺でも、毎年の収穫後には神社に集い、お神輿《みこし》を担いで盛大にお祭りを行いました。そのお神輿には盛大に金箔が貼られていました。いま現代にお神輿を造ると、一基二〇〇〇万円くらいしますが、それでも金色のところはおおむね真鍮《しんちゅう》が用いられます。けれど江戸時代までに造られたお神輿は、純金張りでした。おそらくいまのお金に換算したら五〇〇〇万円はくだらないものです。それだけの立派なお神輿を、当時の農家では、村々で資金を出し合ってこしらえていたのです。そのどこが貧農なのでしょうか。

百姓一揆の実態は「心をひとつに」したデモ

よく江戸時代の農家は、年貢の取り立てが非常に厳しくて、毎年のように一揆や打ちこわしばかりをしていたかのように書かれていたりすることがありますが、ずいぶんと誤解を招く表現だと思います。一揆の「揆」は「心をひとつにする」という意味の漢字です。ですから「揆《き》を一《いつ》にする」といえば、心をひとつにするという意味になります。

農業は、単に荒れ地に種を蒔《ま》けば収穫できるというものではありません。良い土にするための肥料、水路の確保、水の量の調整、堤防工事、作物の運搬のための水路の調整など、奉行所に間に入ってもらわなければできないさまざまな事柄があります。

ところが奉行所は奉行所で、いまと同じで予算がある。無尽蔵に工事ができるわけではありません。当然、そこで話し合いが行われるわけですが、お奉行が若く堅物《かたぶつ》であったりすると、意見が分かれることもあり、このようなときには、いまでいうデモが行われました。それを昔は一揆と呼んだのです。

一揆が打ちこわしにまで至ったこともあります。天明七年（一七八七年）五月の打ちこわしが有名ですが、このときは江戸、大坂など主要都市だけでなく、三十あまりの地方都市にまで打ちこわしが波及しました。

これは当時の幕府が老中田沼意次《たぬまおきつぐ》の時代で、都市部の経済を優先したために物価が急騰、農村部の生活が苦しくなったところに、今度は三年続きの凶作によって、備蓄していた二年分のお米が底をつき、このため天明の大飢饉と呼ばれる全国的な食糧不足が発生したにもかかわらず、相変わらず幕府が都市部の経済優先の政策をとっていたことによります。

つまり農村部にお米がなく、都市部にあった。だからお腹を空かせた農村部の人々が、やむにやまれず決起して都市部のお蔵を襲った……という特殊事情に基づきます。

したがって、一揆があった、打ちこわしがあったから農村部が貧農だったと結論づけるには、あまりに無理があるといわざるをえません。

武士の次男坊のゆくえ

いまと違い、江戸時代までは武士の俸禄も、町人の給料も、働いている個人ではなく、常にその人の家に支払われるのが常識でした。ですからその家の家督《かとく》、つまり給料や俸禄が支払われる先を誰が相続するかは、とても重要な問題でした。給料が家に支払われるのですから、跡継ぎがいなければ、その家がなくなる。つまり給料をもらえなくなるのです。これは遺された家族にとっては死活問題です。そこで家は長子相続といって、長男が相続するものとされました。

ところが昔は子供がよく死んだのです。成人できる子は、生まれた子のおよそ半数というのが実情でした。ですから家を保つために、各家庭では子を何人も産むのがあたりまえでした。そうすることで、長男に何かあったら次男が、次男に何かあったら三男が家督を相続したのです。

では、男の子が五人生まれたとして、五人とも立派に成人した場合は、どのようなことになるのでしょうか。

まず家督は長男が相続します。すると次男以下は（言い方は悪いですが）用済みになります。家にいれば、ただの穀潰《ごくつぶ》しです。そこで次男以下は、他家の養子になったり、学問ができれば学者になったり、寺子屋などの師匠となり、あるいは剣術の腕が立てば、剣術道場の師範となって自活の道を得たりしました。そして実は、いちばん多かったのが、知行《ぎょうち》地の庄屋さんや地主さんに話して、雇われ農民になるというケースでした。

そんな雇われ農民のことを、やや自虐的に「水呑百姓《みずのみびゃくしょう》」と呼んだりしましたが、地主さんのもとで水呑百姓をしている夫婦は、実はその土地の領主の次男夫妻や三男夫妻だったりしていたわけです。

つまり領主がいて、その下に地主がいて、その地主の下には領主の息子が働いているわけです。そして税である年貢は、地主が納めるのです。果たしてそのような環境下で、領主による苛斂誅求《かれんちゅうきゅう》（税金をむごく厳しく取り立てること）など可能なことでしょうか。

四公六民、五公五民の実態は？

親であれば、誰だって子は可愛いものです。子が豊かに安全に安心して暮らせることは、親にとっては最大の喜びであり幸せです。ですから実際に起きたことは、教科書などに書かれていることとはまったく逆で、このような社会システムから、領主の側が、検地ができない、つまり税のもとになる土地の格付けやお米の生産高に関する調査が、江戸初期に行われただけで、その後、数々の新田が開墾され、また農業技術の進歩で田地あたりの生産高が急増したにもかかわらず、それらの土地が年貢の対象から外され続けるという状況が生まれたのです。

このため、本来であれば我が国では、その年に収穫されたお米の二割を年貢として上納、出来高の三割を村の鎮守様に奉納して保管、つまり出来高の五割を二年分保管することで、常に十割のお米が飢饉に備えて備蓄されていなければならなかったはずのものが、現実には人口の二〜三割しか養うことができない程度の備蓄しかされていないという状況を生みました。結果、災害の都度、領主は大坂商人などから借金し、結果、江戸時代の中頃には、どのお大名家でも、みんな借金まみれという状況に至ってしまうわけです。

要するに我が国では、どこかの近隣国のように苛斂誅求な税の取り立てがあり、庶民が飢えていたなどという事実はまったくなく、むしろ庶民をより豊かにしようとした結果、逆に災害時に弱い状態になってしまったということです。

そもそも年貢については、四公六民とか、五公五民といって、一見するとお米の出来高の大半が税として取られたかのように言われています。しかしそうすると、人口の一割にすぎない税の徴収者側の人たち（貴族・武士・寺社）が、日本全体で生産されたお米の四〜五割を食べていたことになります。

人口というのは、食料の供給できる範囲でしか成り立ちません。江戸時代は鎖国していましたから、日本国内の人口は、国内で生産された食料の範囲でしか生存できません。では人口の一割の人が、年貢の、つまり国内生産高の四割分のお米を食べていたのでしょうか。

江戸時代の人口はおよそ二五〇〇万人と言われています。そのうちの一割ということは二五〇万人です。人ひとりが一年間に食べるお米の量が、概算で一石（一俵＝六〇キログラム）といわれています。

ということは、日本全体の人口が二五〇〇万人なら、二五〇〇万石が、お米の国内生産量です。年間二五〇〇万石が生産され、そのうちの五割が税なら、一二五〇万石です。その一二五〇万石を、二五〇万人の武士・貴族・寺社が食べていたのでしょうか。武士であろうが貴族であろうが農民であろうが、人が一年に食べる量は変わりません。

ならば日本は、余剰米を輸出していたのでしょうか。いやいやそんなことはありません。日本は鎖国していたのです。実に簡単な計算です。しかしツジツマが合いません。つまりこの話には、どこかにウソがあるということです。

本当は真面目だった悪代官

では実際にはどうだったのでしょうか。

年貢徴収のもとになるのは、言うまでもなく「検地」です。検地台帳は、耕地の広さはもちろん、土地の質、陽当たりの善し悪しなどまで克明に記録され、一定区画の土地からどれだけの収穫が見込めるかが算出されています。その「検地」に基づいて年貢（税）が取り立てられます。

当然、この「検地」は、毎年調査されていると思いきや、なんと江戸二七〇年を平均して、ひとつの村につき「二回」しか行われていません。しかも新田開発したところでも、開発時点で「検地」が行われているのは一部だけです。幕府直轄地に至っては、豊臣秀吉の「太閤《たいこう》検地」以来、検地が行われていません。これが何を意味しているかというと、いまでいうなら「会計監査」が二七〇年間、まったく行われなかったということです。

平和だった江戸時代に、農業技術は非常な進歩を遂げています。江戸中期以降の一ヘクタールあたりの米の収穫量は、現代とほとんど変わりがないところまで進歩しています。それだけでなく、養蚕《ようさん》や小麦、大豆、大根など他の生産物の収穫も、進みました。

これは要するに、明治初期の税率でいまの所得税を計るようなものです。太閤検地の頃に定めた納税額でいまの税金を納めているのです。ということは、実際には、脱税のし放題であったわけです。

真面目なお代官は、これではいかんと検地を再施行しようとします。すると農民は既得権を侵害されることになるから力一杯抵抗します。真面目なお代官を「悪代官」と呼んで誹《そし》るわけです。

お代官は、派遣された官僚です。民から不評が出ると、更迭《こうてつ》の対象になります。こうして真面目なお代官がいなくなると、民は脱税のし放題となる、というわけです。

一方、武士や貴族、寺社の側は、知行地の人口が増えているのに、収入が変わりません。ということは、災害発生時に放出するお蔵米が、本来であれば二年分も蓄えてあれば、おおむね大丈夫なものが、実質的には半年分にもならないのです。当然、大規模災害等が発生すれば、お米が足りなくなります。すると領民を助けるために、どこかからお米を借りてこなければなりません。こうして大名も貴族も、借金まみれになってしまっています。

一方、江戸時代の農村は、所得水準・教育水準とも非常に高く、農民出身の学者もたくさん出現しているし、武芸に秀でる者もいました。それだけ経済的に余裕があったから、そういうことができたのです。

四　高い教育水準と思いやりの文化

一度も盗まれなかった露天の無人現金輸送取扱所

「人のものを盗むな」「人の悪口を言うな」などといった常識は、戦前の日本人にとっては、ごくあたりまえの常識でしたし、少なくとも昭和三十年代くらいまでは、一般的社会風潮として、日本社会に色濃く残っていました。

私の実家は市内の街中にありましたが、クルマ好きで自営業を営む父が、家族全員を連れて泊りがけで旅行に出かけるときも、家の玄関に鍵などかけなかったし、そもそも鍵自体が、玄関についていませんでした。はめ込み式の窓ガラスも、隙間《すきま》が空いていて、外側から簡単にガラスを外すこともできました。

それが昭和四十年代になって、なんとわが家にも一人前に泥棒が入り、警察官がやって来て「家の玄関に鍵をかけないほうが悪い」と言われ、そこで初めて立派な「家の鍵」が玄関につきました。もっともその鍵は玄関の鴨居《かもい》の上に置きっぱなしで、子供の私にも手が届くところで、大人が見れば、ちょうど目の高さくらいに堂々と鍵が置かれていたわけで、いま思えば、「あれはいったい何だったのだろうか」と、思わず笑えてきます。

日本はそれくらい治安が良かったわけですが、江戸時代はもっとすごくて、路上に大量の現金が置きっぱなしになっていても、どんなに生活が苦しかろうが、誰もそれを盗もうとはしませんでした。

どういうことかというと、いまでは現金を送金するときは、銀行のATMを使いますが、江戸時代にも現金の送金は頻繁に行われていました。金飛脚《かねびきゃく》と呼ばれる人たちが、街道をエッホエッホと走って全国にお金の配達をしていたわけです。

金飛脚への現金輸送の依頼の仕方がまたすごいもので、江戸から地方にある実家に現金を送金する場合、江戸の日本橋（現在の日本橋三越あたり）に、現金輸送取扱所があったのです。

江戸の日本橋は、東海道、日光街道、甲州街道、奥州街道、中山道の五街道の出発点ですから、全国から江戸にやって来る人々の到達点です。つまりそこに集う人たちは、いわば「よそ者」ばかりです。いまでいったら新宿や渋谷の歩行者天国みたいなものです。往来も多い。その日本橋の橋のたもとに、竹で編んだ平たいザルがいくつも置いてある場所がありました。ザルには全国の各藩の名前を書いた紙が貼ってあります。現金を地方に送金しようとする人は、自分が現金を送りたい先の藩の名前が書いてあるザルに、風呂敷に包んで宛先を書いた紙を貼った現金を、ただ「置き」ます。そこには見張りも立会人もいません。しかも、まわりのザルには、他の現金送金客が依頼する現金が大量に、ただ置かれています。

送金手数料も、入り口のところに箱が置いてあって、そこに料金を入れるだけです。やはり見張りはいません。いまでも沿道に野菜を並べた農産物の無人販売所が随所にありますが、あれと同じ方式です。

当時二五〇万という世界最大の人口を擁する都市が江戸です。その江戸から全国への送金となれば、おそらくそこには、合計すれば毎日何万両という大金が、ただ「置かれていた」ことでしょう。けれど、江戸二六〇年を通じて、日本橋のその（見張りさえいない）現金輸送取扱所が、泥棒被害に遭ったことは一度もなかったのです。どれだけ庶民の民度が高かったのでしょう。それが日本です。

世界最高の教育機関だった寺子屋

筆子塚《ふでこづか》というのは、筆塚、筆子塔、筆子碑、あるいは師匠塚などともいって、多くが筆の形をした石で建てられています。主に神社やお寺の境内などにありますが、古い旧家などでは、自宅の敷地内や門前に塚を置いているケースもあります。

筆子塚は、寺子屋のお師匠さんを讃えた石碑のことです。地元の人たちを幼少期から面倒みて世話をしてくれた寺子屋のお師匠さんがお亡くなりになったとき、教え子たちが自分たちで費用を出し合って供養塔として建てた石碑が筆子塚です。

寺子屋というと、時代劇などのイメージで、書道やむずかしい漢文の素読《そどく》ばかりやらされていた、といったイメージをもつ方がおいでになりますが、実態は違います。子らは五～六歳になると、寺子屋に通うようになるのですが、寺子屋によって多少の違いはあるものの、最初に教えられるのは、行儀作法と、数字です。

入学した子たちは、はじめに師匠を敬《うやま》うこと、先輩を尊敬すること、朝の挨拶、夕べの挨拶、食事時の作法など、基本的な行儀作法を教わります。そのうえで筆をとり、「いろは」ではなく、数字の書き方を習います。これは理にかなっていて、数字なら「一、二、三」の横棒の書き方から、「四」になると「止め」が出てきて、「五」は縦の線の引き方、「八」で払いも学べるわけです。「九《く》」になると、横縦、払いの組み合わせになって、なかなか字の形を取るのに難儀しますから九＝苦で、これをマスターすると、完成形としての「十」を学びます。

「十」と書いて「じゅう」と読みますが、「じゅう」は「充」であり、「十九」と書いて「とく」、すなわち「徳」です。つまり九（く・苦）を通り越した先に「とく（徳）」がある、というわけです。徳というのは美しい心で、だから何事においても苦しみや大変なことの「九《く》」はあるけれど、それを乗り越えることが大事と教わるわけです。

数字を習ったら、次は計算です。足し算、引き算だけでなく、八算《はっさん》（掛け算のこと）、見一《けんいち》（割り算）も習います。学年が進むと、そろばんも教わる。

苗字、家系、地理、ビジネス文書

続いて習うのが「名頭《ながしら》」です。同じ寺子屋に通う子たちや師匠などがもつ、それぞれの苗字《みょうじ》について、互いにその苗字を覚えたり読み書きできるようになるだけでなく、それぞれの苗字ごとの家系のいわれを学びました。いまでは教科書で「江戸時代の農民は百姓《ひゃくしょう》と呼ばれ、姓をもたなかった」などと書かれたりもしていますが、百姓と言われるのは、日本全国、誰にも苗字（姓）があったからです。

徳川政権下では「苗字帯刀を許さなかった」と言いますが、いまの住民登録に該当するお寺などの宗旨人別帳（檀家帳）への記述には「○○村　戸主・嘉兵衛、妻・とよ」のように記載されました。だからといって姓がなかったわけではなく、どの家もご先祖から続く姓をもっていたのです。

百姓という用語も、昨今では差別用語であるような言い方がされますが、これまた全然違っていて、「百」は「文武百官」という用語に代表されるように、「数え切れないほどたくさん」という意味の言葉です。つまり百姓は、「たくさん（百）の姓」という意味で、たくさんの姓がなければ「百姓」という言葉もないわけで、その意味からも「百姓は姓をもたなかった」というのは、それ自体が矛盾した説ということができます。

次に学ぶのが「方角」です。これはのちに「地理」と名を変えますが、寺子屋を中心にして、その周囲にある町名や橋や道路が書いてある地図を使って、方位や、それぞれの地名や橋、道路などにまつわる沿革や由来（歴史）を学びます。どんな地名にも、橋や道路にも、それぞれに由来があります。人は知れば知るほど、その対象を好きになりますから、それぞれの名称の由来を知ることで、地域社会への愛を育《はぐく》んだわけです。

学年が進むと、手紙などの書き方や書き方の作法を通じて季節を学び、さらにビジネス文書の書き方や、仕事や商売をするうえでの心構えも教わりました。

高学年からは、男女の教室が別になり、女子には口上《こうじょう》文の書き方、仮名交じり文、女江戸方角、女消息往来、女商売往来などの講義が行われました。平仮名は漢字の草書体《そうしょたい》から生まれた字で、漢字との相性もよく、書き上がった文書も、女性らしい柔らかな見栄《みば》えのよい文章になります。そうした文を使って、女性らしさや、行儀作法、和歌などが教えられました。

男子は漢文で、カナはカタカナです。漢字はもともと神代《じんだい》文字が組み合わさって出来た文字（これを会意文字といいます）で、神代文字は一字一音一義といって、一音ごとに意味があり、霊性があるとされていました。ですから男子は霊統（霊《ひ》）を守る存在という意味から、神代から伝わるカタカナ文字を用いて文を読み書きするものとされていたわけです。

ちなみにカタカナは、戦後教育の中にあって漢字から派生した文字とされましたが、カナと漢字の対比表を見ても、どう見てもこじつけでしかありません。だいたい「ア」が「阿」のコザトヘンから生まれたまではよいとしても、「ヘ」もまた「部」という漢字の旁《つくり》から出来ているという。どう見てもどちらも同じ「阝」です。そもそも漢字からカナが生まれたというけれど、漢字の音は、母音子音合わせて三十六音しかありません。

これに対し日本語は五十音あります。少し脱線しますが、ハヒフヘホは、江戸時代には唇音《しんおん》といって、『唇を近づけて「ファ・フィ・フ・フェ・フォ」と発音されていたようです。つまり、腹が減った」は「ファラガフェッタ」となるわけで、昔の人が話す日本語を現代の人が聞いたら、とても奇妙に感じるかもしれません。

悪しき弟子をやしなへば師弟地獄に堕ちるべし

話を戻します。

寺子屋は、こうした基礎教育を教えると同時に、入学早々から実語教《じつごきょう》、童子教《どうしきょう》を口誦《こうしょう》しました。また学年が進むと、三字経、四書五経なども用いられました。

なかでも江戸時代に広く用いられた童子教では、その冒頭で、

1　夫貴人前居　夫《そ》れ貴人《きじん》の前に居《い》ては
2　顕露不得立　顕露《けんろ》に立つことを得《え》ざれ
3　遇道路跪過　道路に遇《お》ふては跪《ひざまず》いて過ぎよ
4　有召事敬承　召《め》す事有らば敬《うやま》つて承《うけたまわ》れ
5　両手当胸向　両手を胸に当てて向《むか》へ
6　慎不顧左右　慎《つつし》みて左右を顧《かえり》みざれ
7　不問者不答　問はずんば答へず
8　有仰者謹聞　仰《おお》せ有らば謹《つつ》しんで聞け

と教わり、その少し後には、

111　畜悪弟子者　悪《あ》しき弟子《でし》を畜《やしな》へば
112　師弟堕地獄　師弟《してい》地獄に堕《を》ち
113　養善弟子者　善《よ》き弟子を養《やしな》へば
114　師弟到仏果　師弟仏果《ぶつか》に到《いた》る
115　不順教弟子　教《おし》へに順《したが》はざる弟子は

116　早可返父母　早く父母に返すべし
117　不和者擬冤　不和なる者を冤《なだ》めんと擬《ぎ》すれば
118　成怨敵加害　怨敵《おんてき》と成つて害を加ふ
119　順悪人不避　悪人に順《したが》ひて避《さ》けざれば
120　縲犬如廻柱　縲《つな》げる犬の柱を廻《めぐ》るが如し

と教わりました。

要するに、いきなり師匠を敬うことを原点として教わり、その師匠の言うことを聞かないような弟子（昔は生徒のことを弟子といいました）は、さっさと父母のもとに返してしまえ、と繰り返し何度も教えられてきたわけです。しかもそうしなければ「師弟ともに地獄に堕ちる」というのですから大変です。

ちなみに、放校となったろくでなしはどのように教育するのかというと、それらの面倒を見たのが、地元のヤクザの親分さんや、ろくでなしばかりを集めた私塾でした。地廻りの親分さんのところでは、徹底的なシゴキがありましたし、生死の保証はありません。私塾のほうはというと、その伝統を受け継いだ明治の有名校に「にんじん畑」と呼ばれた

「興志塾」があります。ここは頭山満《とおやまみつる》翁などを生んだ私塾で、全寮制で全国から、普通の寺子屋でははみ出してしまうろくでなしを集めて、徹底した男子教育を行った、まさに「男塾」でしたが、そこからはむしろ名士と呼ばれる大人物が多数排出されています。

生涯の師匠となった寺子屋の師匠

興志塾もそうですが、すべての寺子屋は官製学校ではなく、私塾です。そして私塾であることで、塾として生き残れるかどうかは、そこの卒業生が、どのような人物に育ったのかに集約されます。上司の言うことを聞かない、仕事をさぼってばかりいる等々、そのような生徒しか輩出できない寺子屋は、早晩、つぶれてしまうのです。逆に長く続いている寺子屋は、生徒たちにとって、先生は単に寺子屋の師匠というだけでなく、生涯の師匠となりました。

なぜかといえば、寺子屋教育で男女とも共通しているのは、単に知識偏重の教育がされるのではなく、人としての在り方や生き方、道徳などが教育の要《かなめ》をなしていたからです。

また、いまの教育制度との大きな違いのひとつに、ひとつの教室に、上級生と下級生が同居していたことも挙げられます。小学校のうちに、すでに先輩として下級生を教える役目を経験するのです。そして人は、教わるより教えるときのほうが、多くの学びを得るものです。

寺子屋において重要視されたもののひとつに、素読《そどく》があります。素読というと、なんだか難解なお経のような漢文を、ただひたすらに声を揃《そろ》えて音読させられるものだといったイメージがありますが、特に小学校の低学年のうちは、物覚えがよいものです。その物覚えがよいときに、一生の宝となる良い文を、音読して丸暗記してしまう。そのときには意味がわからなくても、一生をかけて、その意味を問い続けることによって、人はより人間らしく生きられるようになるからです。

小学一年生で、

「さいた、さいた、さくらがさいた」という文を暗唱して一生の記憶にすることと、

「山高故不貴　（山高きが故《ゆえ》に貴《たつと》からず）

以有樹為貴　（樹《き》有るを以《もち》て貴しとす）

人肥故不貴　（人肥《こ》へたるが故に貴からず）

以有智為貴　（智有るを以て貴しとす）」

と暗唱して生涯の宝とすることと、どちらが先々の人生の役に立つのか。そういう意味において、江戸時代の教育は、実に的《まと》を射《い》た教育であったように思えます。

自由な教科書、平民の師匠

こうした童子教、実語教、三字経、四書五経などの教科書についても、ひとこと添えておきます。教科書は、全生徒に配布されましたが、その教科書は印刷物ではなく、全部、上級生の先輩が筆写したものでした。筆写して、和綴《わと》じして製本して、後輩に分けるのです。

その筆写ですが、とてもいまでいう小中学生が書いたとは思えないほど、実に立派な字で書かれています。特攻隊の方々の遺書なども、見事な字で書かれていますが、江戸時代には、もっとすごかった……といえるのかもしれません。いまの自分が恥ずかしい限りです。

また、素読に要求されたことが、「常に姿勢を正すこと」でした。正座をして、背筋を伸ばしたとき、天の気と自分の気が、首の付け根から背筋にかけての筋で一直線につながるのだそうです。そういうことの大切さは、歳《とし》を重ねると自然と理解できるようになるものです。

寺子屋で教える教師（師匠）については、明治初期に東京府が小学校整備のため実施した寺子屋の調査書があります。そこに寺子屋の教師（師匠）七二六名分の旧身分が記録されているのですが、ほぼすべてが平民（町人）の出身です。これは別段驚くことではなくて、東京府の人口構成は、町民が九三パーセントを占めていましたから当然の結果です。そして女性の師匠も八六名記載されています。

寺子屋の学費ですが、これはいまどきの学習塾や学校のように、定額のお金を納付するというものではなく、多くの場合、生徒の親たちが、米や野菜、ときたまお金などで納付していました。最低基準はありましたが、定額でいくら、といったものではなくて、たくさん払える人はたくさんに、そうでない人はそれなりに、といったものでした。

これには理由があって、江戸時代の人々の普通の考え方として、人にモノを施《ほどこ》せば、それは必ず自分に返ってくると考えられていたことによります。お金も富も、お風呂のお湯と同じで、ジャブジャブと自分のほうに掛け入れようとしても、お湯は逃げていってしまう。反対に、向こうに押しやっても、ちゃんと自分のところに戻ってくる。この教育のために、徳のある師匠に施行《せぎょう》すれば、その分、徳となって自分に返ってくると考えられていたのです。

これは「とく」についての考え方の違いで、現代社会では、世界中どこでも「とく」は損得の「得」ですが、日本人にとっての「とく」は「徳」で、「徳」とはひとことで言い換えれば「美しさ」のことを言いました。つまり美徳を施行すれば、それはそのまま自分の美徳となって還ってくるというわけです。

考えてみれば、そうした徳のある師匠のもとに、そうして資金が集まれば、寺子屋は発展してもっと大きな私塾になる。するとその私塾からの徳のある卒業生が増える。増えた徳のある卒業生が世の中の中心となれば、世の中そのものが住みやすい徳のある世の中になる。まさにそのような社会が営まれたのが、江戸時代の日本の庶民の姿であったわけです。

こうして育てられ、教わったさまざまなことを、社会人として活かして生きてきた卒業生の大人たちが、その師匠がお亡くなりになったときに、師匠への感謝を込めて建てたのが「筆子塚《ふでこづか》」であったわけです。そうした塚が、千葉県内だけで三三五〇基もあります。全国にしたら、どれほどの数にのぼるでしょうか。

おかげで日本人の教育レベルは、極端に高く、たとえば江戸時代の識字率は一説によれば九七パーセントです。この数字は、同時代の世界を見渡しても類例がないほど格段に高いものです。当時は活字ではなく、崩した筆字の時代です。江戸時代の識字率でいえば、現代日本人の識字率は限りなくゼロに近いものです。

ちなみに江戸時代の寺子屋で用いられていた教科書は、七千種、女性専用の教科書だけでも千種類以上がありました。それらの教科書が、最終的に「どれだけ役に立つ人材を築いたか」という点で競争していたのです。これもまたすごいことです。

外国人が書き遺した日本の庶民の教養の高さ

幕末に黒船でやってきたペリーは『日本遠征記』の中で、次のように書いています。

「(日本では)読み書きが普及していて、見聞を得ることに熱心である」

そして、日本の田舎にまでも本屋があることや、日本人の本好きと識字率の高さに驚いたと書いています。

また、万延元年(一八六〇年)に来日したプロイセン海軍のラインホルト・ヴェルナー

（エルベ号艦長）も『航海記』に次のように書き残しています。

子供の就学年齢はおそく七歳か八歳だが、彼らはそれだけますます迅速に学習する。民衆の学校教育は中国よりも普及している。中国では民衆の中でほとんどの場合男子だけが就学しているのと違い、日本ではたしかに学校といっても中国同様私立校しかないものの、女子も学んでいる。日本では、召使い女がたがいに親しい友達に手紙を書くために余暇を利用し、ボロをまとった肉体労働者でも読み書きができることで、われわれを驚かす。

民衆教育についてわれわれが観察したところによれば、読み書きが全然できない文盲は全体の一パーセントにすぎない。世界の他のどこの国が、自国についてこのようなことを主張できようか？

文久元年（一八六一年）に函館のロシア領事館付主任司祭として来日したロシア正教会の宣教師ニコライは、日本に八年間滞在し、帰国後、日本について雑誌「ロシア報知」に次のように寄稿しました。

（日本では）国民の全階層にほとんど同程度にむらなく教育がゆきわたっている。この国では孔子が学問知識のアルファかオメガであるということになっている。だがその孔子は、学問のある日本人は一字一句まで暗記しているものなのであり、最も身分の低い庶民でさえ、かなりよく知っているのである。（中略）

どんな辺鄙《へんぴ》な寒村へ行っても、頼朝、義経、楠正成等々の歴史上の人物を知らなかったり、江戸や都その他のおもだった土地が自分の村の北の方角にあるのか西の方角にあるのか知らないような、それほどの無知な者に出会うことはない。（中略）

読み書きができて本を読む人間の数においては、日本はヨーロッパ西部諸国のどの国にもひけをとらない。日本人は文字を習うに真に熱心である。

寺子屋の実力たるや恐るべし、です。

知識を経由した「人格教育」

明治四十一年（一九〇八年）に、日本人七八一人が初のブラジル移民をしましたが、同年六月二十五日の「コレイオ・パウリスターノ」というブラジルの新聞は、日本人の識字率の高さについて、次のように書き記しています。

「移民七八一名中、読み書きできる者五三二名あり。総数の六割八分を示し、二四九名は無学だと称するが、全く文字を解せぬというのではなく、多少の読書力を持っているので、結局真の文盲者は一割にも達していない」

なにやら読み書き識字のことばかりが評価されていますが、江戸から明治、大正、昭和初期までの日本人の暗算能力は、世界的にも、ずば抜けて高かったそうです。

「コレイオ・パウリスターノ」には「日本人の驚くべき清潔さと、規律正しさ、物を盗まないこと」などが、実に驚くべきこととして書かれています。

古来、日本の教育は、単に知識を詰め込むのではなく、知識を経由して「人格教育」が行われてきました。だからこそ、寺子屋の教師は、先生ではなく「師匠」でした。戦後の教育は、日本人の精神性の破壊を企図したＧＨＱと、その影響下で出来上がった日教組教育によって、教育といえば知識偏重教育に偏り、いまでは道徳などは劣後的な扱いになっています。けれど知識人とは、本来は人の模範となる人のことを指します。

読み書きができることは、とても大切なことです。社会が成長するためには、その基礎として、人々が読み書き、計算がちゃんとできることが必要だからです。けれど、それだけでは画竜点睛《がりゅうてんせい》を欠くのです。人の道があってはじめて、社会は高度に成長するのです。

戦後の日本がいい例です。戦前の徳育教育を受けた世代が社会の中核をなしている間、まるで焼け野原だった日本は、あれよあれよと言う間に、ぐんぐんと成長し、ついには世界第二位の経済大国にまでなりました。ところが、戦後世代が社会の中核をなすようになった昭和六十年代以降（終戦から三十五年が経過し、社会が戦後世代に完全に受け継がれた）、日本の成長はまるで急ブレーキをかけたかのように止まり、いまではどんどんと貧しい国になっていこうとしています。そればかりか、子供たちの教育レベルの低さは、いまや目を覆《おお》わんばかりです。

日本では、すでに平安時代中期には「村邑《そんゆう》小学」という名の民間教育機関の記録が残っています。律令国家の形成にあたっても、やはり中核をなしたのは、国民の教育だったのです。万葉集にも、一般庶民の和歌がたくさん掲載されています。

果たして、いまの学校の先生たちがお亡くなりになったあと、生徒たちが先生の遺徳を偲んで筆子塚を建立するでしょうか。逆に教育者の立場からしたら、自分の死後、教え子たちから筆子塚を建ててもらえるなんて、もったいないほどありがたく、また嬉しく、そして名誉なことなのではないかと思います。そういう教育が、昔の日本にあったということ、そしてその理由を、私たちはいまいちど思い返してみる必要があるのではないでしょうか。

思いやりの「江戸しぐさ」

たまに、人前をすり抜けるとき、「ちょいと失礼」とか、「ごめんなすって」とばかりに、自分の顔のちょっと下あたりで手刀《てがたな》を上下に振る動作をしながら通りすぎるような場面に出くわすことがあります。

実はこれ、古くからある日本の習慣です。もともとは、お相撲《すもう》さんが懸賞金を受け取るときの動作ですが、そのお相撲さんの動作も、そのまた元をたどると、刀を振ることで邪気を払うという神道の所作《しょさ》から来ています。お相撲さんは、裸で刀を持っていませんから、刀の代わりに手刀を切るわけです。お金はありがたいものだけれど、邪念に取り憑《つ》かれやすいものだから、清浄な場である土俵で受け取るときには手刀で、邪気や魔を取りはらうわけです。そうすることで邪念のない清いお金を受け取り、清く正しくそれを使わせていただくのです。

よく知られたものに、「傘《かさ》かしげ」という動作があります。雨の日に、傘をさした者どうしですれ違うとき、相手も自分もお互いに相手が濡《ぬ》れないように、そしてまた、互いの傘がぶつからないように、傘を外側に少し傾けてすれ違う。雪の日や、あるいは晴れた日の日傘のときでも同じようにする。それを自分から進んで行います。これが「傘かしげ」です。

「うかつ謝り」という習慣もあります。足を踏まれたら、踏まれたほうが先に「うかつでした！　ごめんなさいね」と謝る。そうすることで踏んだほうも気持ちよく「いえ、私が悪うございました」と謝ることで、互いに角《かど》を立てないようにする。最近では、逆に「うかつ」に謝ると、責任を擦《なす》りつけられて法外な賠償金をふんだくられたりしてしまうので、下手に謝ることさえできない世相です。車をコツンと当ててしまったときなど、そういうことがよくあります。互いに角を立てないように、お互いが相手に気をつかう世の中がよいのか、反対に、自衛のために謝ることもできないで、その都度警察官に仲介をしてもらうような社会がよい社会のか、私たちは、私たちの国のあり方を、もういちど深く考え直してみる必要があるように思います。

「肩引き」という動作もあります。狭い道で人が行き交うとき、肩が触れないようにお互いが肩を引き、身体を斜めにしてすれ違うというものです。

ほかにも、次のようなものがあります。

「蟹《かに》歩き」――細い道ですれ違うとき、蟹のように横歩きする。

「七三《しちさん》の道」――道を歩くときは道幅の三割とし、七割は他人のために開けておく。

「時泥棒」――断りなく相手を訪問したり、約束の時間に遅れるなど、相手の時間を奪うのは時間泥棒の重い罪。

「はいはいの修養」――まず「はい」と返事して、それから人の意見や話を聞く。

「打てば響く」――叩けば鳴る太鼓のように、機転を利かせて即、機敏に行動する。

「こぶし浮かせ」――乗合船などで、あとから乗る人のために、こぶしひとつ分、腰を浮かせて席を詰める。電車の座席などでは常識ですが、最近はできない人も多いですね。

「聞き上手」――相手の話を聞くときは、相手の目を見、体を乗り出すようにして、相槌《あいづち》を打ちながら聞き、知っている話でも「知っている」などと言わず、興味深そうに聞く。

「死んだら御免《ごめん》」――子供の頃やった「指切りげんまん、嘘ついたら針千本の～ます」のあとに、実は「死んだら御免」と続きました。約束した以上、命あるかぎり約束を果たす、という意味です。

「逆《さか》らいしぐさ」――みんなで何かをしようとするとき、あるいは年長者から何かを言われたとき、「でも」とか「しかし」とか言って、いちいち逆らうな、という意味です。こういう「逆らいしぐさ」の多い者は「使えない奴《やつ》」とみなされました。「馬には乗ってみろ、人には沿うてみろ」というわけで、言い訳ばかりして何もしないのではなく、まずは人の言うことを聞いて、やってみなさい、という意味の言葉です。

そのほか、国際語にもなった有名な言葉に「もったいない」がありますが、衣類や紙などをとことん生かす智恵なども、江戸時代に広く普及したものでした。これらを総称して「江戸仕草《しぐさ》」と呼ぶ人もいます。

互いに敬い、助け合い、信頼し合う

「手刀をきる」「傘かしげ」「肩引き」など互いに譲り合う文化は、上下の支配関係だけがすべてに優先し、上に立ちさえすれば、下の者に対しては我儘《わがまま》や傲慢《ごうまん》が許されるという社会では、絶対に実現できないことです。

日本人には、お互いが天皇の民、皇民なのだという意識が根底にあるからこそ、互いに敬い、互いに助け合い、互いに信頼し合い、お互いが対等に結ばれる社会を築くことができ、そういうことが背景となって、ほんのちょっとした仕草の中にも、相手に対する思いやりや優しさをうかがえる文化が育まれてきたのです。

ある中国人留学生は、日本に来たばかりのとき、駅のホームで並んで待っている日本人が馬鹿《ばか》に見えたそうです。だから毎回電車がホームに滑《すべ》り込んでくるたびに、並んでいる人も降りて来る人も押しのけて電車に乗り込んだ。そうすることで、毎回、席に座ることができたそうです。けれど、ある日、同じように行動するライバルが誰もいないことに気がつきます。そして、日本社会のもつ素晴らしさに素直に感動したといいます。

また江戸時代の女性は虐《しいた》げられていたというイメージも、実際には町方でも農家でも、お給料があれば、それは家に支払われるのだし、一家の家計を預かるのは、常にオカミサンの役割であったわけです。虐げられていたどころか、奥さんは、家の中の神様のような存在でしたから、夫に三行半《みくだりはん》といって、離縁状を書かせたのも、ほとんどは女性の側でした。また男は早く死んだので、後家《ごけ》さんとなった女性は、その後、何度も結婚することも、あたりまえのように行われていました。江戸社会では、女性は高い教養を身につけており、家の財産は預かっているし、虐げられていたというなら、それはむしろ男性の側であったのかもしれません。

住みよい社会というのは、物質的な充足感ばかりにあるのではありません。お互いがお互いをほんのちょっと思いやる心ある社会こそ、本当に住みよい社会となるといえるのではないかと思います。隣に住む一人暮らしの老人が死んで白骨化しても、近所の誰も気づかない社会は、ご先祖に恥じない社会とは言えないのではないでしょうか。

日本を取り戻すという中には、お互いがお互いを思いやれる、ほんのちょっとした常識を取り戻す、そんなことも含まれているのではないかと思います。

五　二宮金次郎にはじまる豊国

いまの日本を世界標準にすると

有名な小噺《こばなし》に、「タイガー・ウッズが帽子をかぶって得るスポンサー料は、一日あたり五万五〇〇〇ドル。その帽子をつくる工場労働者の年収の三十八年分」という話があります。同様に、現代の世界は、

世界で三人に一人は戦時下に暮らし、

世界の人口の七〇パーセント以上は電話を使ったことがなく、

世界の五人に一人は一日百円未満で生活しています。

果たして世界は豊かになったのでしょうか。

世界標準というのなら、世界の家計の年間所得は、日本円で六十万円未満です。日本にいて、世界をグローバル化したいという人たちがいますが、彼らは日本人の平均世帯所得

を、世界標準にしたいのでしょうか。

日本国内が、それに近い状態になったことが、かつてありました。いまから二百年ほど前の江戸時代の文化文政年間のことです。

当時の日本の人口は二五〇〇万人。そして江戸の人口が二五〇万人でした。つまり人口の十分の一が、江戸に集中していました。当時の江戸は、経済的にもたいへん恵まれたところで、当時の日本のＧＤＰのおよそ五割が江戸に集中していたといわれています。このため農村部の疲弊ははなはだしく、農地は次々と担保《たんぽ》に取られていきました。

食べていかれないから、農地を質入《しちい》れしてお金を得るのです。けれど一時的にお金を得ても、すぐに失われ、結果、農地さえも手放すことになってしまう。質流れで農地を失った農家、あるいは、もう食べていかれないからと、逃散《ちょうさん》といって農地を捨てて別の土地に移ってしまう者たちが、世の中にあふれるようになりました。江戸の庶民が好景気を満喫する一方で、農村部には深刻な貧困が襲ったのです。

この状況下で、十四歳で両親を失ってしまった少年がいました。名を二宮金次郎《にのみやきんじろう》と言います。金次郎少年は、一生懸命勉強に励むと同時に、残った猫の額《ひたい》ほどの土地を一生懸命に耕し、二十二歳までに、親が失った農地を全部買い戻してしまいました。

このことを高く評価した小田原のお殿様の大久保忠真《おおくぼただざね》が彼を表彰し、さらに名主《なぬし》待遇を彼に与えて、大久保家の分家の下野国《しもつけのくに》芳賀郡桜町（いまの茨城県真岡市）に向かわせました。

桜町は水害に襲われて、村が壊滅状態だったのです。藩は、そんな村人たちに生活保護のための禄《ろく》を与えていましたが、農地を失い気力の失せた村人たちは、せっかくの禄を博打《ばくち》に使ってしまうような有り様でした。

金次郎の挫折

そんな気力の失せた村に、二宮金次郎は、復興支援のために派遣されました。ところが、当時の日本人の平均身長は、男が一五〇センチ、女が一四〇センチです。これに対し金次郎の身長は一八〇センチ、体重が九四キロもありました。つまり、いまの時代でいうなら、気力の失せた小学生のもとに、髭面《ひげづら》で巨漢の、プロレスラーみたいな先生がやって来たというわけです。

先生はやる気満々です。だから、村人たちに次々に適格な指示を与えました。そんな熱血先生のもとで村人たちが一念奮起《いちねんふんき》して……と、現実は映画やドラマのようにはいきません。地元の農家の人々からすれば、ひどく暑苦しい人物がいきなりやって来て、次々と命令をするのです。いいかげんうるさいし、面倒《めんどう》くさい。結果、村人たちは、誰も金次郎の話を聞かず、命令も無視されます。

一方、金次郎にとっては、村の復興こそが藩命です。急ぐ金次郎は、他の村から人手を集めてきて農地の復興を図ろうとしました。これには村人たちがびっくりしました。そしてますます村人たちの気持ちが金次郎から離れていきました。水害で崩壊した田畑をもとに戻すのは、ひとりでできる仕事ではありません。そこにはどうしても村人たちの一致協力が必要です。けれど、いちど離れてしまった気持ちは、そう簡単に戻るものではありません。

金次郎は困りました。殿様には、九〇〇石だった桜町を二〇〇〇石にすると明言してしまっているのです。けれど村人たちは動かない。困り果てた金次郎がどうしたかというと、逃げ出しました。逃げたというと聞こえは悪いですが、成田山《なりたさん》に修行に入るのです。

はじめは水行《すいぎょう》などの荒行に挑戦しました。けれど迷いが晴れない。そこでついに金次郎は、三週間の断食行《だんじきぎょう》を行いました。初めての断食で、いきなり三週間というのは、強烈にキツイものです。断食も三週間になると、二つ向こうの部屋の話し声がわかるようになるし、鳥や虫たちの会話が聞き取れるようになる。つまり、それだけ激しい修行なのです。けれどこの断食行で、金次郎は、あるひとつの事柄に気づきます。

村人たちの心がひとつに

金次郎は、再び桜町に戻りました。そこであらためて村人たちに集まってもらいました。今度は村人たちの前で土下座《どげざ》をして、なんとしても一緒に田畑を取り戻し、みんなで豊かな生活を築きたいのだと、切々と訴えました。村人たちも、げっそりやつれた金次郎のその必死の姿に、ひとり、またひとりと、「わかっただ。オラたち、やるだ」と納得してくれました。

納得の輪は、その日から広がりました。そして桜町の村人たちは変わりました。みんなで一致協力、力を合わせて村の復興を行うようになったのです。そして数年後には、石高《こくだか》は、なんと三〇〇〇石にまで成長しました。

こうなると、村は豊かですから、米の買付《かいつけ》商人が来ても強気です。いままでは、お金もお米もないから、言いなりに値切られてきましたが、いまではもう、すっかり生活に余裕がある。そうなると、気に入らなければ米を売らなければよい。一方、商人たちは、是《ぜ》が非《ひ》でも米を買い付けなければ、商売になりません。こうして商人と農民たちの力関係が変わり、高値で米を売れるようになった村はものすごく豊かになりました。

桜町の復興支援に成功した金次郎は、その後、日本中引っ張りだこで、農業の指導をしてまわることになりました。

幕府はそんな金次郎に、「尊徳《そんとく》」という名前を与えました。こうして二宮尊徳の名は、全国にとどろくほどになりました。

日本を支えた豊かな農村と大家族

さて、この話には続きがあります。

金次郎の指導は、ひとことでいえば「積小為大《せきしょういだい》」というものです。小さなことの積み重ねが、積もり積もって偉大な事業を為すという思想です。二宮金次郎の報徳思想《ほうとくしそう》とも呼ばれています。そしてこの思想のもとに、日々の農業に精を出すことによって、実は、日本中の農家が、このあと、とても豊かになっていくのです。

幕末戊辰《ぼしん》戦争は、我が国の歴史上初めて、農民兵が専業武士団をしのいだ戦いです。その背景には、豊かになった農村の若者たちの、新たに編成された陸軍兵としての大活躍があります。これは、幕府軍、新政府軍、どちらにも共通していえることです。

そして明治以降になると、日清日露戦争で活躍した陸海軍を支えたのは、やはり勇敢で教養のある農民兵たちでした。大東亜《だいとうあ》戦争は、日本の敗戦となりましたが、日本陸軍六三〇万の兵力のうち、南方の島嶼《とうしょ》防衛に当たったのは、このうちのたった二七万人です。その二七万人を米軍の主力の一一〇万人が攻め落としたわけですが、終戦時点で我が国には、まだ六〇〇万の農民兵によって構成された陸軍兵力が温存されていました。

この陸軍兵たちは、外地から帰ると、村に戻り、そこで日本復興の柱となる食料の生産に精を出しました。また都会に残った者たちは、焼け野原となった町並みの復興を率先して行いました。結果、我が国は、終戦後、わずか数年で、見事に町並みを復興させていきます。

さらに町並みの復興のあとは、経済力の強化です。そのために農村部の若者たちが、集団就職列車に乗って都会へと向かい、そこで工場の働き手となりました。こうして日本は経済的に自立し、復興していくことになります。

つまりそれらの背景には、「大家族を養うことができる豊かな農村」の存在があった。このことが、きわめて重要なファクターになっていたのです。

このように申し上げると、「いやいや農村はみんな貧乏だったのだ」という人、思う人がきっと多いと思います。たしかに農村部の生活は、一年三百六十五日、昼夜を問わぬ忙しさで、実際に子供時代、そんな農村で暮らした経験のある方なら、その大変さは肌でお感じになっているものと思います。土にまみれ、泥だらけになって働く姿は、都市部のこざっぱりと垢抜《あかぬ》けした人々から見たら、３Ｋと思われるかもしれません。

けれど、ほんのちょっとだけ考えていただきたいのです。諸外国において、農民は、なるほど最低の生活をする農奴《のうど》たちです。その様子は、着るものもなく、食事もままならぬ、眠るに布団さえもない、まさに貧困そのものの姿です。人の生活を支える食料を生産する、いちばん大切な生産者の姿は、悲惨な姿のものでした。しかし、日本の農村部は、だれひとり「自分たちは豊かだ」と思っている人はいないけれど、世界の標準から見たら、豪農と呼んだほうがよいくらい、豊かな生活を実現しています。

こうした日本人の勤勉性、働くことへの前向きな姿勢、集団への帰属意識、倹約の精神こそ、日本の底力となるものです。

残念なことに、戦後、GHQが行った農地解放によって、日本の積年の実績ある農家は、事実上の解体を余儀なくされました。そして農地は細分化され、農家も核家族化が進行し、いまではお年寄りばかりが細々と農業を続けている、そんな状況に至っています。

もちろん、この先、農業のあり方が大きく変化していくことは、ありえることだと思っています。工場で大豆を生産し、その大豆を加工して擬似《ぎじ》お肉や、疑似野菜を作り出す。そうすることで、まるでドッグフードやキャットフードのような人間用完全食をつくりだし、それによって人々は食に困ることのない新たな世界を築きだすという人もいます。

しかし食には、もうひとつ、楽しく、美味《おい》しくいただく、という側面があります。ただ必要な栄養がとれさえすればよい、というものではないのです。そして日本は、神話の昔から、人々の「よろこびあふれる楽しい国」を希求し続けてきた国です。そういう意味で、日本人にとっての農業は、ただ食料を生産しさえすればよいという以上に、実はもっと重要な意味をもっているということができます。

ともあれ、両親も、田畑さえも失った十四歳の二宮金次郎が、たったひとりで猫の額ほどの小さな畑を耕して、菜種《なたね》を採《と》っていた、その小さな努力が、気がつけば世界最強の軍をつくり、また日本の高度成長を支える原資となった、ということは、あらためて、現代を生きる私たちが考えてみる必要があるように思います。

目の前にある小さなことの積み重ねが、世界を変えるのです。このことは、おそらくＡＩが進歩した未来社会においても、きっと変わることのない真実であろうと思います。

民を愛した天皇と天皇を愛した庶民の絆

「御所千度参《ごしょせんどまい》り」という事件があります。

天明七年（一七八七年）六月七日から起きたことで、はじめ数人が京都御所の周囲をぐるぐると回りだしたのですが、その人数が徐々に増えていき、なんと六月十日にはその人数が三万人になり、十八日には七万人に達したという事件です。

このため京の都は人であふれ、後桜町上皇から三万個のリンゴが配られ、また有栖川宮《ありすがわのみや》や一条家などが茶を出し、九条《くじょう》家や鷹司《たかつかさ》家からは握り飯が配られました。

なぜこのようなことが起きたのかというと、この時代、天明の大飢饉《だいききん》によって、餓死者が続出するという事態に至っていたのです。職もない、食べるものもなくなった庶民が、最後に頼ったのが天朝様《てんちょうさま》、つまり天皇であったのです。

本来、幕府の仕事は、庶民が豊かに安全に安心して暮らせるようにすることです。天然の災害の多発する日本では、神武創業の昔から、いざというときのために、二年分のお米を備蓄するという習慣がありました。人が食べるのは三年目になった古々米《ここまい》からです。ですから値段も古々米よりも新米のほうが安くなっていました。なぜなら新米が市場に出回るということは、よほど困って換金されたものであるからです。要するに新米のほうが安く仕入れられたのです。

ところが天明の飢饉は天明二年（一七八二年）から同七年まで、なんと五年続きの凶作《きょうさく》でした。このため幕府のお蔵米も底をつき、もはや飢えた庶民を救うことさえ困難な状況になってしまっていたのです。

本来助けてくれるはずの領主様も幕府も、もはや助けてくれないとなった庶民にとって、最後の頼みの綱が、天朝様、つまり天皇であったのです。

事態を憂慮された光格天皇は、京都所司代を通じて幕府に、「飢饉に苦しむ庶民の救済」を要求しました。これは幕府の政策について口出しをしてはいけないという「禁中並公家諸法度《きんちゅうならびにくげしょはっと》」に違反する行為でした。しかし違反をしてでも庶民を助けようとされた光格天皇に、幕府はなんとか一五〇〇俵《ぴょう》の米をかき集めて、光格天皇に送り、天皇はそのお米を他の貴族たちとともに炊いて、御所周辺に集まった庶民に提供したのです。

そしてこのことが、こののち、尊王《そんのう》論の興隆の一因となっていくのです。

私たちの祖先は、こうして日本という国を育《はぐく》んでくれました。

明治に入って必死に不平等条約の是正のための努力をしたのも、昭和初期の激しい戦いも、子孫が他国の奴隷にされたり私有を奪われたり飢えたり狼藉《ろうぜき》を受けたりすることのない国を後世に遺《のこ》したいと、その時代での最大限の努力を重ねてきてくれたおかげです。

今度は私たちが子孫のために誇りある国を日本に遺す番です。

おわりに

本書は、庶民の日本史を、現在わかっている事実をもとに掘り下げようとしたものです。江戸時代の農家は貧しかったという貧農史観も、当時あった事実をひとつひとつ掘り下げていくと、「いや実は全然貧しくなんかない。もしかすると現代日本の一般の庶民よりも、はるかに生活に余裕があったのかもしれない」といった意見が生まれる、というのが本書の記述です。

それは現代の歴史学会の通説とは異なるものかもしれませんが、ひとつ言えることは、意見というものは、百人の人がいれば百通りの意見が必ずある、ということです。それが、ひとつの意見しか認められないというのなら、それは全体主義であって、学問ではなく政治です。政治は利害であって、真実を求めようとする学問とは異なります。ですから政治がお好きなら、そういうお仲間と議論していただければよいのです。

大切なことは事実であり、その事実をつなげたストーリーです。視点が変われば、必ず違うものが見えてきます。そのときは、過去の意見に縛られないことです。そうでなければ問題の解決ができないからです。

日本は、悠久《ゆうきゅう》の歴史を刻む国です。

お孫さんがおいでになる方ならおわかりいただけると思いますが、孫の可愛さというのは、我が子とはまた違ったものです。年寄りである自分は、あたりまえのことですが、孫より先に旅立つことになります。そのときに思うことはただひとつ。子にも孫にも、絶対に幸せになってもらいたい。鬼籍《きせき》に入っても、絶対に孫たちの幸せを願い続けたい。その思いは、おそらく万国共通なのだろうと思います。そして自分もまた、何十年かの昔、同じように祖父母から、そうやって思われていたわけです。私たちは、そんな愛情の連鎖《れんさ》の上に、いまの命をいただいています。

このように考えるとき、ただいたずらに、過去は後《おく》れていた、過去は悲惨だった、過去は悪いことばかりしていたと、ステレオタイプに言いつのることが、果たして正しいことなのか。私たちの祖先は、ずっとしっかりと、もっと優しさと愛に満ちていたのではないか。もちろんそうではない人も中にはいたかもしれないけれど、ただ、少なくとも、いまを生きている私たちは、子や孫たちが少しでも幸せに生きることができる時代のために、何かしておきたい。できることを少しでもしておきたい、と思うのです。

そしてそのような思いで、日本の庶民の歴史を見直すとき、そこには、本当に教養豊かで、愛情あふれた祖先の姿が浮かぶのです。

本書は、そんな思いを形にしたものです。お読みいただき、ありがとうございます。

最後に特攻隊の遺書を一通、掲載します。

六月五日
あんまり緑が美しい
今日これから死に行くことすら忘れてしまひさうだ
真っ青な空
ぽかんと浮かぶ白い雲
六月の知覧《ちらん》はもうセミの声がして夏を思はせる
「小鳥の声が楽しさう俺も今度は小鳥になるよ」

日のあたる草の上にねころんで杉本がこんなことを云ってゐる笑わせるな
本日十四時、五五分
いよいよ知覧を離陸するなつかしの祖國《そこく》よ
さらば
使ひなれた万年筆を「かたみ」に送ります。

陸軍大尉　枝　幹二　命
第六航空軍司令部
昭和二十年六月六日　沖縄方面にて戦死
富山県出身　二十三歳

小名木善行

日本をかっこよく！

著者略歴

小名木善行（おなぎ・ぜんこう）

静岡県浜松市出身。昭和31年生まれ。上場信販会社を経て執筆活動を中心に、私塾である「倭塾」を運営。ブログ「ねずさんの学ぼう日本」を毎日配信。古事記・日本書紀・万葉集などを原文から読み解いた古典文学研究を行っている。

著書に『ねずさんの日本の心で読み解く百人一首』（日本図書館協会推薦図書）『ねずさんと語る古事記１～３巻』『ねずさんの奇跡の国 日本がわかる万葉集』『ねずさんの世界に誇る覚醒と繁栄を解く日本書紀』『ねずさんの知っておきたい日本のすごい秘密』『日本建国史』ほか多数。

動画に「むすび大学シリーズ」「ゆにわ塾シリーズ」「CGS 目からウロコの日本の歴史シリーズ」「明治150年 真の日本の姿シリーズ」「優しい子を育てる小名木塾シリーズ」など多数。

庶民の日本史 ねずさんが描く「よろこびあふれる楽しい国」の人々の物語

令和３年11月30日　初刷発行

著　者　小名木善行

装　幀　長坂勇二（nagasaka design）

編　集　良本和惠

発行人　良本光明
発行所　株式会社グッドブックス
〒103-0023　東京都中央区日本橋本町２-３-６　協同ビル602
電話　03-6262-5422　FAX　03-6262-5423
https://good-books.co.jp/
印刷・製本　精文堂印刷株式会社

ISBN 978-4-907461-31-7